金融创新与经济管理风险研究

张颖 刘洋 王莹◎著

中国书籍出版社
China Book Press

图书在版编目（CIP）数据

金融创新与经济管理风险研究 / 张颖, 刘洋, 王莹 著. -- 北京：中国书籍出版社, 2024.11. -- ISBN 978-7-5241-0017-1

Ⅰ. F832.1；F830.9

中国国家版本馆 CIP 数据核字第 20242TZ258 号

金融创新与经济管理风险研究

张 颖 刘 洋 王 莹 著

图书策划	邹　浩
责任编辑	毕　磊
责任印制	孙马飞　马　芝
封面设计	博健时代
出版发行	中国书籍出版社
地　　址	北京市丰台区三路居路 97 号（邮编：100073）
电　　话	（010）52257143（总编室）　　（010）52257140（发行部）
电子邮箱	eo@chinabp.com.cn
经　　销	全国新华书店
印　　厂	廊坊市博林印务有限公司
开　　本	710 毫米 ×1000 毫米　1/16
印　　张	13.25
字　　数	222 千字
版　　次	2025 年 4 月第 1 版
印　　次	2025 年 4 月第 1 次印刷
书　　号	ISBN 978-7-5241-0017-1
定　　价	78.00 元

版权所有　翻印必究

前　言

自 20 世纪 70 年代以来，金融创新的浪潮开始席卷整个西方金融界。一方面，金融创新提高了金融资源配置的效率，带动了金融业乃至整个经济的发展；另一方面，金融创新又会带来新的金融风险，直接或者间接影响一个国家甚至全球经济的发展。金融创新的两面性，体现了金融安全和效率的"博弈"，对其所产生的金融风险进行防控具有必要性和紧迫性。

从全球金融创新发展趋势来看，金融衍生品创新、碳金融创新以及互联网金融创新在近年来受到学者们的广泛关注，也与我国在新时代下的经济发展密切相关。一方面，无论是哪一种金融创新，都会对原有金融体系形成冲击，改变传统金融市场中的产业和价值链条，对金融机构、投资者、消费者的价值网络、投资理念、消费结构形成冲击，激发传统金融创新潜能，促使其变革业务流程，加强产品创新，改善金融服务，提高运营效率；另一方面，新型金融创新模式发展过程中，诸如法律定位不明、监管存在真空、行业缺乏自律等问题逐步显现，不仅对金融业的宏观调控带来影响，也会形成新的风险来源，对金融监管体系形成挑战。

基于此，本书深入探讨了金融创新的理论与实践，以及其对经济管理体系的影响与挑战。书中首先界定了金融创新的概念、分类和理论框架，接着分析了互联网时代下大数据、云计算、区块链等技术的金融创新应用。继而研究了互联网金融的创新发展及绿色金融的路径探索，指出了其在推动经济可持续发展中的重要作用。在金融经济风险管理方面，书中系统地阐述了金融风险的类型、起因与管理策略，并阐述了构建智能化金融风险管理体系的必要性。最后探讨了金融体系风险的生成、传导机制以及预警评估方法，并对相应的风险防控措施提出见解，旨在为金融行业的稳健发展提供科学指导和决策支持。

目　录

- **第一章　金融创新概述** ……………………………………………… 1
  - 第一节　金融创新的概念与分类 …………………………………… 1
  - 第二节　金融创新理论与体系创新 ………………………………… 6
  - 第三节　金融创新的影响与挑战 …………………………………… 20

- **第二章　互联网时代下的金融创新技术** …………………………… 27
  - 第一节　大数据技术 ………………………………………………… 27
  - 第二节　云计算技术 ………………………………………………… 38
  - 第三节　区块链技术 ………………………………………………… 45
  - 第四节　移动互联网技术 …………………………………………… 50
  - 第五节　物联网技术 ………………………………………………… 55

- **第三章　互联网金融创新发展** ……………………………………… 62
  - 第一节　互联网金融的新兴业态 …………………………………… 62
  - 第二节　互联网金融的创新与作用 ………………………………… 77
  - 第三节　互联网金融的发展前景 …………………………………… 83

- **第四章　金融经济风险管理** ………………………………………… 94
  - 第一节　金融体系主要风险概念及类别划分 ……………………… 94
  - 第二节　金融机构及企业风险管理 ………………………………… 105
  - 第三节　金融经济风险的起因及管理程序 ………………………… 118
  - 第四节　智能化金融风险管理体系的构建 ………………………… 124

第五章　金融体系风险的生成传导与预警评估 ……… 132

第一节　金融体系风险的生成与传导机理 ……… 132
第二节　金融体系风险的预警评估 ……… 144

第六章　现代金融经济风险的防控措施 ……… 152

第一节　继续全面深化金融改革 ……… 152
第二节　完善金融法律法规建设 ……… 164
第三节　积极利用现代信息技术 ……… 172
第四节　加强风险防范机制建设 ……… 177

第七章　我国绿色金融创新发展的路径探索 ……… 188

第一节　绿色金融基本理论 ……… 188
第二节　我国绿色金融发展的措施 ……… 193
第三节　绿色金融创新发展路径 ……… 199

参考文献 ……… 205

第一章 金融创新概述

❖ 第一节 金融创新的概念与分类

一、金融创新的本质及特征

我国当前要推动经济发展方式转型，实现可持续发展亟须发挥金融在资源配置和生产效率提高中的作用。受我国金融业发展的客观现实制约，推进金融创新是充分发挥金融功能的重要一环。如何在金融创新中趋利去弊，这就需要我们结合金融创新史，把握金融创新的内涵，分析金融创新的基本特征，在总结规律的基础上结合中国的实际需要进行创新，推动我国金融业快速健康发展。

（一）金融创新的内涵是金融业的自我发展

1. 金融创新是实践经验的积累和理论认知的提升

我国对金融创新的认识主要来源于国外的金融实践和理论创新。国外对金融创新更多地体现为金融系统实践，对其认识多是建立在实践基础上，是金融创新推动者——金融机构所进行的总结，其认识来源于实践，是对实践经验的总结和提炼，对金融创新的认识也体现在金融工具使用上，认为多样性的金融工具组合和对市场需求的满足是金融创新的主要内容。

从理论上分析认为金融创新本质是一种制度创新，金融制度的创新会受到一国社会制度和传统习俗所形成的思维模式影响，最终对交易成本形成影响，对一国金融发展起到促进或抑制作用。因此，一个金融创新活跃的时代往往是制度创新活跃的阶段，金融创新也是制度创新的重要内容和组成部分。

2. 金融创新内涵体现了金融业的自我发展

结合国外金融创新的实践经验积累和理论创新，金融创新的内涵是金融业自我发展的需要，主要体现在以下几个方面。

第一，创新是金融的本质属性。金融业能成为现代经济的核心，关键在于能发挥资源配置优化和效率提升的作用，但随着社会经济结构的变化和一国资源要素禀赋条件的改变，资源配置的模式、方法和思维都需要优化。这就要求金融机构必须主动进行创新来满足市场的需要。因此，创新是金融业发展的本质属性，纵观整个金融发展史，每次重大金融创新不仅推动了金融业本身的发展，而且促进整个社会经济的发展，成为经济发展的助推器。

第二，创新是提升金融机构市场竞争力和盈利水平的重要手段。金融企业作为微观经济主体，以追求利润最大化为目标，面对竞争日益激烈的金融市场，金融机构只有适时推出新产品才能满足社会需要，在激烈的市场竞争中获得先机，大幅度提高盈利水平并增强竞争力。

第三，创新是金融业自我发展的需要。传统的金融业务往往会随着社会经济发展而出现收益边际效率递减的问题，如果不能适时推出新的金融产品，金融机构就难以克服效益和投资人投资意愿下降的困境，只有持续不断地推出满足市场需要的金融产品，通过产品创新提高银行收益，满足投资者对利润的需求，才能确保银行源源不断地获得发展所需要的资金。

第四，金融创新是思想解放和制度创新的重要组成部分。金融创新可以理解为整个金融行业为适应经济发展需要在理念和业务上进行创新，而金融创新的成功需要政府和社会的支持，这就需要解放思想和制度创新，为金融创新创造良好的社会制度与环境，推动金融深化与发展，避免出现金融抑制；在金融监管上兼顾创新与金融系统的安全与稳定，在监管的同时又为金融创新保留足够的空间，建立科学的金融监管体制。

（二）金融创新的特征是金融系统的自我完善

金融创新是在原有服务内容和形式的基础上，利用新的服务理念推出新的服务内容和模式，通过不断地调试，增加金融产品、创新服务模式，提升服务效率，是金融业发展的自我完善。金融创新对金融系统的完善主要体现在以下几个方面。

第一，金融创新增强了金融系统适应市场需求的功能，并借助市场的检验进一步完善金融系统服务功能。金融创新的根本目的在于满足市场需求，通过系统性的变革来适应经济社会发展的需要。历史上成功的金融创新都是因满足了经济社会发展的需要，而失败的金融创新都是与经济社会发展需要脱节。如果没有金融创新，英国的工业革命不得不停下来等候金融革命。金融创新本身是一个不断进行自我调节以适应经济社会发展的过程，金融创新的滞后会削弱金融服务经济的能力。但超前的金融创新因市场缺乏对风险的防范，也可能出现欲速则不达的后果，因此，创新的效果需要市场来检验。

第二，金融创新为金融机构适时推出异质性金融新产品创造了条件，是增强金融机构的竞争与合作能力的重要途径。早期的金融创新以推出全新的金融产品为主，现代金融创新多以金融产品组合为基本特征。随着经济的发展和市场竞争的日益激烈，金融服务需求呈现出差异化的特征，金融机构提供系统单一的金融产品难以满足市场需求，推出差异化的系列金融产品则成为解决问题的关键。金融产品的创新使金融业内部的原有的分工界限模糊，商业银行和其他金融机构的业务走向综合化、一体化，仅仅单独依靠单一金融机构来进行创新已经很难满足市场需要，众多的金融机构进行合作，通过集成创新来满足市场的需要，合作创新成为金融创新的一大特征，因此，金融创新也是增强金融机构竞争与合作能力的重要途径。

第三，金融创新为新技术融入金融业提供了机会，提升了金融业工作的效率与服务水平。纵观人类历史上每一次重大的金融创新，多与技术创新结合，尽量使用先进的科技来为金融创新服务，金融创新为技术融入金融业提供了机会，也为金融业开展业务提供了便捷，提升了工作效率，尤其是随着互联网技术的进一步发展，网上银行和电子货币以及第三方交易平台的出现，金融业和技术结合更加紧密。技术创新正在成为金融创新的重要推手，同时也使金融业效率得到极大提高。

第四，金融创新有助于突破金融监管和创新的失衡，实现金融监管与创新之间的良性互动与平衡关系。过于严格的金融监管会窒息金融机构的创新空间，金融监管的缺失又是产生系统性金融风险的诱因，金融创新的出现需要金融监管的变革来引导，而金融监管的变革又为金融创新提供了新的空间，创新与监管之间相互推动有助于在金融创新和监管之间形成均衡。这对于维护金融系统的生命力具有重要意义。金融创新在很大程度上是金融业发展过程中的自我完善，通过持续的创新增强市场竞争力和市场适应能力，形成金融业的自我发展和完善，不仅能增强金融业自身的盈利水平和能力，还能提升服务经济社会发展的功能。国外金融创新的成功无一不是适应社会的需要，而失败的金融创新多是超前或滞后于社会发展的需要的，因此，国外金融业创新的这些经验对于推动我国当前的金融创新具有非常重要的启示和借鉴意义。

二、金融创新对金融发展所造成的影响

（一）金融创新对我国金融发展所造成的影响

金融创新是一把双刃剑。金融创新主要通过对现有的金融体制进行变革并通过增加新的金融工具用以有效地挖掘在现有的金融体制下所无法实现的金融利润。金融创新将缓慢而稳定地推动金融体系的发展并制造出比以往更多的利润。金融创新是金融行业为满足实体行业发展所需面对金融体系、金融工具和金融产品所进行的创新活动，其对于经济的发展尤其是实体经济的发展有着巨大的推动作用。金融创新对金融行业的改变不仅仅涉及对金融制度的创新，其还是对金融市场、业务以及金融工具等各方面的创新发展。金融创新并不是对原有的金融秩序进行颠覆式的变化而是对原有的金融秩序进行补充和完善，使得金融体系能够更好地服务于国家发展的需要。在金融创新的过程中不可避免地会对原有的金融秩序产生一定的冲击并带来一定的金融风险。应当积极加强对于金融创新后的风险管控，保障金融体系健康、稳定的发展。

（二）金融创新对我国金融发展所产生的积极影响

金融创新对于金融体系的积极作用主要表现在对于金融机构、市场以及制度三大主体上。金融创新能够有效地激发金融机构的内在活力提高金融机构的运作效率。各种新的金融工具、金融业务以及金融服务方式的出现将帮助客户更好地

进行资产的管理和融资服务，从而使得金融机构的经营活动范围和空间得到极大的拓展，提高了金融资金的利用效率和流转速度，推动了经济的快速发展。同时金融创新也使得金融机构的盈利能力得到进一步的提升。新时期金融机构之间的竞争日趋白热化，且各金融机构之间的差异化竞争更加明显，通过金融创新将在金融体系中不断地加入新的金融机构和新的金融成分从而构建更加多元化的金融服务体系，能够为客户提供更加多样、灵活、高效的金融服务。金融创新与金融竞争一体两面，金融创新在加剧了金融竞争的同时金融竞争又进一步地推动了金融创新从而更好地推动金融体系的创新和发展。金融创新将为金融体系构建新的经济增长点和核心，通过金融创新尤其是构建以客户为中心的金融创新而为客户提供更好的金融创新服务将能够进一步地推动金融体系的发展，提升经济增长活力，保障经济的健康稳定发展。通过金融创新将能够进一步地释放金融业的增长活力，金融创新通过在金融业务、机构以及人员等多方面、全方位地提高和创新，将使得资本在经济发展中的地位得到进一步的凸显，以金融创新带动金融业发展，以金融创新带动金融产业的快速增长，同时通过金融创新使得金融业能够更好地为实体经济的发展服务。我国金融业发展起步较晚，与国外发达国家的金融业之间存在着一定的差距，为促进金融业的发展应当进一步做好金融创新工作，使得我国的金融业能够实现"弯道超车"追上甚至超过国外金融业的发展，为我国的经济发展注入新的活力。在金融创新方面我国有着较为典型的成功案例，以"支付宝"为例，其所代表的互联网金融是金融创新的典型应用，"支付宝"的出现极大地创新了我国的金融服务体系，并深刻影响着我国的金融格局，尤其是"支付宝"在国外的成功应用迈出了我国金融创新发展的第一步。同时金融创新将能够有效地增强我国金融体系的抗风险和风险管理能力，大量创新的金融工具将极大地丰富我国的金融市场，从而使得客户有着更大的选择空间，客户可以根据自身需求选择符合自身所需的金融工具和金融产品。再以"期货"为例，客户通过购买"期货"用以实现对于自身持有产品的套期保值，减少了因市场价格波动所带来的损失，有效地维护了客户的权益。金融创新能够使得市场价格可以及时地反映出最新的资讯信息，增强了剔除个别风险的能力。金融创新通过提高市场组织与设备的现代化程度和国际化程度使得金融市场的价格能够对所有可得的信息作出迅速灵敏的反应，提高了金融市场价格变动的灵敏度，使得价格能够快速、及时地对所获信息作出反应，提高了价格的合理性和价格机制的作用力，有效地降低了因市场价格剧烈波动对金融市场所造成的影响。通过金融创新将能够有效地推动金融证券化进程，利用新的金融交易工具和金融交易技术将能够使得客户可以进行更加多元化的投资，从而使得客户金融投资的风险得到分散和降低，促进融资证券化，为客户提供更加多元化、便利化的融资新渠道。通过不断进行金融创新将能够进一步推动金融制度的创新发展，促进金融混业经营从而更好地打破传统金融体系的束缚，更好地激发金融活力，同时通过金融创新将使得我国金融体系能够加快国际化进程，实现对于国际金融资本的高效、灵活地运用，从而更好地为我国的发展服务。

第二节 金融创新理论与体系创新

当代金融创新理论起源于 20 世纪 50~60 年代，由美籍奥地利经济家约瑟夫·熊彼特（Joseph Alois Schumpeter）首次提出。20 世纪 70 年代以来，金融领域发生了革命性的变化，人们将金融领域的变化称之为金融创新。但是 80 年代，金融创新才真正成为金融领域一种引人注目的现象并形成高潮。金融创新理论的兴起与迅猛发展，给整个金融体宏观调节及世界经济都带来了深远的影响。

一、金融创新理论的内涵

金融创新的主要目的是提高金融机构竞争能力、提高金融效率、优化资源配置等。着眼于对金融创新目的的分析，形成了金融创新分析理论。

（一）"规避型"和"压抑诱导型"创新理论

"金融创新"与"金融管制"是一对矛盾。"金融管制"是金融监管当局为金融体系的安全和稳定而颁布的法规和采取的各种措施，其目的是防止过度竞争。从理论上讲，金融管制是金融创新的障碍，但从金融创新的历史实践看，

"金融管制"又是"金融创新"的诱发因素，两者之间存在内在一致性。各种形式的经济立法和规章制度，是保持经济均衡和稳定的基本措施，代表着公众普遍的根本利益。金融机构则以创新产品作为"替代品"来规避和绕过管制，而且，管制与"替代品"创新相互作用，这种互动作用的过程，使被管理者的适应能力增强，金融创新的效率提高。

金融业回避或摆脱内部和外部的金融压制是金融创新的根本原因。微观金融组织进行的金融创新是为了追求利润最大化，减轻内部，尤其外部的压抑而采取的"自卫"行为。外部压抑产生于政府管制，它使金融机构经营效率降低、机会成本加大。内部压抑来自企业自定的规章制度，比如资产负债管理制度等。两种压抑限制了金融企业的盈利能力。为寻求利润最大化的机会，金融机构必将努力创新和探索新的产品、服务和管理方法等，以弥补压抑带来的损失。

（二）制度创新理论

如同把"新金融工具"和"服务开发"称作创新一样，有人把"金融管理制度"本身的变化视为金融创新。政府部门并非只是设置金融关卡，与民间金融机构一样，政府部门和金融管理当局也有制度创新一类的金融创新行为。政府部门主动进行的制度创新的目的，不是限制或压抑金融活动，而是稳定和发展金融，或是提高金融效率和资金配置效率。金融制度的创新属于宏观层次，它是金融业务、金融市场等微观行为的结果，因为微观层次的创新使原有的金融制度显得过时，成为金融机构和金融市场进一步发展的障碍，金融制度创新不可避免。另一方面，金融制度的创新又为金融业务、金融市场的创新奠定了良好的外部环境。制度创新所引发的金融自由为金融业务、金融市场等方面的创新提供了更广阔、更自由的舞台。

（三）交易成本创新理论

希克斯（Hicks）和涅汉斯（Niehans）提出的"交易成本创新理论"，则从降低金融成本方面揭示了金融创新的目的。该理论认为，"金融创新"是科学技术进步导致的交易成本降低的结果。交易成本是作用于货币需求的一个重要因素，不同的需求产生对不同类型金融产品的要求，交易成本高低使经济个体对需求预期发生变化，交易成本降低的发展趋势使货币向更高级形式演变和发展，产生新的交换媒介、新的金融工具。因此，金融创新的支配因素是降低交易成本。科技进步具有不断促进交易成本降低的趋势，并反映在金融创新或者说新的金融工具和金融服务的诞生上。金融制度的创新和组织结构的调整有利于节约金融交易中发生的"无形的交易成本"，而金融交易技术的改善会直接达到降低金融交易成本的效果。

二、我国金融体系创新的探析

（一）产权制度创新

产权制度改革势在必行，当前最主要的是要按照现代企业制度的要求，政府由直接所有者退居为出资者的地位，把国有金融机构发展成国家控股的股份制金融企业，实现银行产权主体的多元化，赋予国有金融企业独立经营权，依法经营各项业务。通过理顺产权关系，使国有金融企业真正成为自主经营、自负盈亏、自担风险、自我发展，面向国内外市场的法人实体和市场竞争主体，真正建立起银行追求利润最大化的内在机制。只有这样金融机构才会主动参与行业竞争，积极降低交易成本，设法绕开金融监管，有意识地去防范和规避金融风险，从而开发出大量的金融创新产品。

（二）经营体制创新

今天，世界金融业逐步走向混业经营，个性化金融产品，往往都涉及银行、保险和投资等方面，这需要金融机构能够同时拥有这三方面的资源和动作能力，否则，金融产品的创新只能处在一个较低的层次上，难以满足市场的需求。而我国目前仍然采取的是银行、证券和保险分业经营，中国人民银行、证监会和银保监会分业监管的分离的金融制度有它特殊的历史背景，但从近年来的运行状况看，分业经营、分业管理实际上是把国内金融机构的业务范围限制在一个更狭窄的范围内，其业务风险实际上更加集中和扩大，而且不利于金融创新的发展。开办无追索权保理业务的国际惯例应由保险公司与银行共同分担此业务的权利和风险，但目前我国金融业是分业经营，国内保险公司无法对银行买断的应收账款提供账权保险，而且国内保险公司目前也还没有开展这项业务的经验，但是，随着我国加入了WTO，金融业的垄断壁垒即将被打破，我国金融业要想在国际竞争中立于不败之地，就必须消除分业经营的界限，推进混业经营制度，提高金融的竞争能力，研发出更多的符合市场需求的金融创新产品。

（三）组织体系创新

目前我国金融业仍然是一种计划金融体制，实行的是大一统的计划控制。中央政府对各类金融机构实行严格管制，并控制民间金融机构的发展，这种体制看似有利于监控风险，实际上缺陷很多。市场专体较少，缺乏市场竞争，缺乏市场健康运行和发展创新的微观基础。要解决这些问题，必须大力支持和发展中小金融机构，进一步深化农村信用社改革，积极发展非银行金融机构，完善发展证券和基金公司。积极鼓励金融企业间相互兼并，实施资产重组，盘活存量，实现低成本扩张，稳步推进民营金融机构的发展，准许民间进入，规范和发展民间信用。

（四）金融监管创新

规避风险的金融创新理论告诉我们，金融创新是与金融风险相伴相随的，为了降低各类金融风险，金融机构必然要不断寻求新的工具和手段，从而形成金融创新。加入WTO将使中国经济全面融入国际经济体系，充分享受当代国际分工的比较利益。但是也要看到，依照承诺，我们的金融市场也会在不久后全面放开，长期处于高度政策壁垒下的中国银行业，尤其是国有商业银行不可避免地将面临外资银行的全面冲击，风险环境会不断发生变化。外资金融机构已经具有了大量的新的金融产品，他们会想出各种办法逃开金融监管，把这些成熟的金融产品用在中国的金融市场上。同时，竞争的加剧会导致金融机构作为一个特殊的企业和市场主体，总是倾向于创新更多的"金融产品"，以求得更多的利润。然而，每个金融经济主体所做的最佳选择并不总能导致宏观收益的最大化；相反，这种"个人理性"行为规则在无约束的条件下还可能导致单纯市场调节的失败和金融体系的灾难性危机，而且，从事金融创新的微观主体在自身利益的驱动下，可能出现扰乱市场秩序、危害金融安全的行为，因此，金融创新的同时，要求随之而来的是另一种内容和结构的金融监管政策，即金融监管随之创新。在金融监管和创新的动态博弈过程中，如果没有监管的规范和限制，被追求利润最大化的动机所驱使的金融创新将给金融业带来巨大风险，最终影响整个经济的发展。由此可见，在引导金融机构金融创新的同时，必须正确认识金融创新与金融监管之间的关系，使金融创新与金融监管协调发展。唯一的出路是加速金融监管创新，明确金融监管的真正目的不在于消极地防范金融风险，而在于通过打击各种违法违规行为，有效地维护金融运行秩序和有序地推进金融发展，以支持实体经济部门乃至整个国民经济的发展。为此，监管目标应从通过行政管理来抑制金融风险转向，通过维护金融市场秩序和金融发展来化解金融风险。金融监管要紧跟金融创新的步伐，及时调整监管范围和方法；同时注意监管的适度性，要给金融创新提供一个良好的环境。

三、金融创新体系的基本框架与要素构成

（一）金融创新的基本框架体系

金融创新是一个系统工程，涉及诸多要素。如何从繁杂、孤立的诸多要素中，梳理出一个相互关联、逻辑严密的系统架构，值得深入思考。结合金融行业的独特性，参考城市创新指数规则，提出了金融创新体系的基本框架，用来衡量和评价金融企业的创新水平和能力。该体系主要包括6个要素：创新环境、创新主体、创新人才、创新资源、创新成果和创新辐射，其中，创新环境是支撑，创新主体是基础，创新人才是核心，创新资源是保障，创新成果是表现，创新辐射是衍生。这6个要素之间互为依存、相互支撑，构成了严密的逻辑体系。

（二）金融创新体系的要素构成分析

1. 创新环境要素，构成金融创新的金融生态

创新环境的好坏，影响着金融创新的速度。从国内金融业的发展历程看，每

一次重大的革命性的创新突破，无不是政策监管环境放开的产物。同时，金融企业自身创新环境成熟与否，构成了创新的内生性力量。

(1) 外部环境决定金融企业创新的客观意愿

金融企业所处的外部生态环境，是推动金融创新的重要力量。而构建良好的监管环境、法律环境和合作环境，在当前的金融创新中发挥着非常重要的作用。构建良好的监管环境关键是明晰政府部门、监管机构在金融创新中的角色定位。无论政府的宏观决策，还是"一行三会"的监管要求，都应该营造一种鼓励创新的监管环境，即凡法律规定不禁止的领域如要素市场产品创新等，都可以鼓励商业银行大胆进行产品创新。构建良好的法律环境重点是建立适应区域经济特色的立法、仲裁等环境。在全国统一的金融法律法规框架下，积极鼓励地方性的创新，形成有利于创新的法律环境。构建良好的合作环境主要是建立促进金融创新发展的良好合作氛围。金融创新不是一个孤立的事物，需要发挥全社会的力量，以互惠互利、合作共赢为原则，整合内外部资源的综合优势，实现金融同业及各种社会力量之间的共同发展、共赢共生。毕竟金融创新涉及诸多方面，不仅银行、证券、保险、基金等金融企业之间需要合作，而且金融企业与非金融企业之间也需要相互合作，实现共赢发展。

(2) 内部环境决定金融企业创新的主观能动性

从内部环境看，金融企业内部是否建立了鼓励金融创新的良好环境对金融创新发挥着至关重要的作用，尤其是金融企业自身的创新战略、创新体制机制、创新文化，基本上决定了金融企业创新的主观能动性。创新战略是根本。创新战略就是指金融企业的最高决策层自上而下明确的创新战略取向和发展目标。如果一个金融企业没有从战略上明确创新的战略取向和目标，创新将是无米之炊、无源之水。因此许多银行将创新战略作为其发展的核心战略，目前包括工行在内的多家银行已制定了自身的创新战略和规划。创新体制机制是保障。创新体制机制是金融企业为确保创新战略实现而建立的与金融创新相关的体制和机制。创新战略的实施，必须靠体制机制来保障，必须建立起一套适应创新发展的组织架构、工作职能、运作模式。只有在正确有效的创新机制的支持和推动下，创新活动才能真正得以不断循环、持续发展。近年来，许多银行成立了业务与产品创新委员会、产品创新部,完善了创新的考核激励评价机制,有力地推动创新的步伐。创新文化是灵魂。创新文化是金融企业在内部营造的一种人人参与创新、以创新为荣的创新型企业文化。能否形成鼓励创新、敢于创新的企业文化以及有利于创新活动思维方式、价值理念和行为规范,决定了创新能否真正久远。良好的创新文化,就是让企业的每一个员工都能主动参与创新,为创新出言献策、贡献力量。

2. 创新主体要素,决定金融创新的基本内涵

创新是一个大概念,内容广泛、形式多样。对金融企业而言,最具代表意义的是产品创新、服务创新和管理创新。产品是载体、是工具,服务是根本、是促进,管理是基础、是保障,这三者构成了金融创新的主体。

(1) 产品创新——提升企业核心竞争力的基础性创新

产品是金融企业与客户之间联系的纽带。金融企业对客户的服务,最重要的体现就是产品。只有开发出满足客户需要的产品,才能获得客户的青睐,才能在日趋激烈的市场竞争中占据一席之地。因此,必须把产品创新放到非常重要的地位。

产品创新不仅仅要重视原创性,同时要注重继承性与整合性。产品创新至少包括以下3种类型:一是原创性创新,即通常意义上的全新创新,要求新产品的用途及其原理与以往相比有显著的变化。这种创新具有首创性,是在市场上第一个推出的新产品,而且能够申请专利和版权保护。二是优化类创新,即现有产品的优化改进型创新,在产品内涵没有重大变化的情况下,基于市场需要对现有产品所做的功能上的扩展和技术上的改进。这种创新具有继承性,是对现有产品的承继和发展,能够使现有的产品功能更加优化、更加完善、更为适应市场和客户的需求。三是组合类创新,即组合多个现有产品,形成个性化的产品组合方案。根据客户的个性化需求,通过产品组合、包装的方式为客户提供个性化的解决方案。这种创新是对现有金融产品的包装,能够满足客户日益增加的综合化、多样化和个性化的金融需求。

对产品创新的评价,主要应该看如下指标:一是产品创新的数量,包括创新产品的总数、创新产品的分类结构等情况。创新产品的数量情况,表明该企业产品创新的组织能力和推动能力;创新产品的结构情况,表明了该企业在不同领域产品创新领先能力。二是产品创新的质量，包括创新产品的知识产权认定、产品社会影响力、获奖情况以及风险管理情况。产品通过知识产权认定，表明产品在创新性上得到了专业机构的认可；产品社会影响力好，表明产品得到了老百姓的认可，或者在民生、市政等社会领域具有一定的示范效应；产品获奖，表明产品创新性、可行性和收益性等方面具有比较优势；产品风险程度低，表明产品满足合规安全等要求。三是产品创新的收益，包括创新产品带来的规模扩展、质量优化、效益提升。产品创新既可以带来企业业务存量规模的提升和增量规模的拓展，也可以提升经营管理效率和减少风险发生的可能性，还可以提升金融企业的直接效益和间接效益。

(2) 服务创新——提升客户满意度的必然性创新

服务创新的推进，必须把创新融入金融企业服务相关的诸多要素或流程之中。员工是服务的主体，产品是服务的载体，管理是服务的机体。服务创新，就是将创新融入员工、产品和管理等与服务相关的各种要素中，将新的设想、技术手段转变成新的或者优化的服务方式，使潜在用户能够感受到不同于从前的崭新内容。这反映了金融机构创造、开发、应用新的服务方法、服务途径、服务对象、服务市场的能力。近年来，各金融企业创新推出了一系列的服务措施，无论是网点的服务环境、员工的服务态度、内部的服务承诺，还是服务流程、管理架构、考核评价，都有了质的飞跃，服务战略正逐步深入到每一个金融企业员工的思想深处。

服务创新的好与坏，必须以客户、社会等外部力量的评判为准则。服务创新可以通过以下要素来衡量：一是客户满意度。金融企业服务的水准，最重要的评价对象是客户，只有客户满意了，才能说明服务的质量好。从客户看，各种客户服务满意度排名，以及客户对不同企业服务的口碑，都可以作为客户满意度的衡量标准；从企业看，可以通过客户投诉率等指标进行衡量，如客户提出了多少投诉、投诉的整改落实率情况等。二是教育引导度。金融企业对客户的服务，不能仅仅从自身出发只注重营销指标的完成，而应该重视对客户的帮助、培训、教育和引导，使客户可以尽可能规避各种潜在的风险，这可以通过对金融企业在投资风险的客户教育机制和实施情况进行衡量。三是社会美誉度。监管部门、专业机构等对金融企业服务的评判,同样可以作为服务创新的一个重要标准,如监管部门每年关于金融企业的服务排名等;同时,政府机构、企事业客户对金融企业支持其发展的力度,也可以作为一个重要参考,如在中小企业发展、民生工程、市政工程等方面是否积极参与。

(3) 管理创新——提升企业经营管理效率的制度性创新

管理作为企业的生产关系,其制度的好与坏、措施的优与劣,直接影响企业的经营管理效率。一方面,管理创新直接反映了金融企业的上层建筑适应外部市场变化的能力。从管理创新的内涵看,管理创新反映了金融机构把新的管理要素(如新的管理方法、新的管理手段、新的管理模式等)或要素组合引入企业管理,以更有效地实现组织目标的创新活动的能力。应该看到,管理上一点突破,往往会对经营发展带来意想不到效果。对金融企业而言,无论是决策模式、组织架构,还是管理机制、业务流程等,都应该主动适应外部市场情况的变化,适应客户需求的变化,不断进行创新突破,实现二线为一线服务,一线为客户服务,提升企业的管理创新能力。另一方面,管理创新最重要的是组织架构、运作机制和管理流程的创新。管理创新涉及范畴众多,关键是要实现体制的优化和机制的完善,其中最重要的是架构、机制和流程的创新,架构代表了体制,机制实现了运转,流程体现了效率。对管理创新的评价,也主要包括如下4个指标:①是否具备创新的、科学的组织架构;②是否具备创新的管理办法、制度流程;③是否具备创新的考核办法、激励办法;④是否具备创新的后评估机制。这些指标是否完备、优化,决定了管理创新的成效。

3. 创新人才要素,构成金融创新的力量源泉

人力资源是第一资源。创新是否具有旺盛的生命力,创新人才是核心。金融创新人才,就是具备创新精神和创造能力,尤其是熟悉国际惯例、具有相当专业水准、具有一定金融业从业经验的经营管理人才。创新人才的培育,必须从队伍建设、机制完善等方面下功夫。

建立"结构合理、层次分明"的创新人才专职队伍。一是管理人才队伍。企业发展需要好的领头羊,具有创新精神、开拓意识的管理人才队伍,是支撑创新的重要力量。应该看到,如果一个企业、一个部门的管理人员有创新意识,他所

在的企业或部门必定在创新上非常有活力。创新战略的推动，创新举措的落实，创新文化的塑造，都离不开管理人才的组织和推动。二是营销人才队伍。营销人才直接面向市场和客户，不仅可以第一时间获取客户的需求信息，同时还可以向客户提供其需要的产品和服务。产品创新的出发点和落脚点都是客户，在产品设计阶段，需要由市场一线的人员收集客户需求，设计出客户需要的产品来；在产品推广阶段，创新产品的好与坏，需要市场和客户来检验，而这些都需要一支懂营销、善创新的营销人员队伍来实现。三是产品人才队伍。金融产品的创新需要一支专业化、具有国际视野的产品研发人员做保障，能够不断推陈出新，设计出客户需要的产品。具备这样一支专业的产品人才队伍，不仅可以创新出全新的金融产品，同时还可以对现有的产品进行优化、组合，满足客户的个性化、多样化的需要。

构建"权责清晰、激励有效"的创新人才管理机制。一是健全创新人才选拔任用机制。制订创新人才发展规划，通过新员工接纳、现有员工再造等多种方式，培养一批创新型人才队伍；完善创新人才的选拔、任用、晋升、淘汰机制，充分发挥优秀人才才能，做到"能者上，劣者下"；建立起内部人才的交流机制，使创新人才能够不断得到培养；建立外部人才引进机制，对于有成熟经验的创新型人才，可择优录用。二是完善创新人才考核评价机制。加强对创新人才的考核评价，按照创新发起、创新过程、创新结果等多重维度，既重视过程，也重视结果，实现公平、公正、公开的考核。对产品创新而言，建立跨部门、跨机构的人员考核评价机制，完善项目组考核办法，既能调动项目人员参与项目的积极性，又能保证其所在部门的认可，逐步形成矩阵式的考核评价体系。三是创新人才激励机制。强化创新激励力度，调动创新人才的创新积极性和能动性。开展创新评奖活动，对于有突出贡献的人员，加大奖励力度。对产品创新而言，开展产品创新评奖活动，对于创新性、可行性、效益性好的产品或项目进行评奖；开展产品推广评奖活动，对于直接收益和间接收益比较好的产品进行评奖；开展产品创意评奖活动，对于好的金点子或产品建议，可考虑给予一定的奖励。

4. 创新资源要素，提供金融创新的物质保障

金融创新能否源源不断一直得以延续，需要一定的资源投入做保障。当然，无论是财务资源、人力资源，还是其他相关资源，都属于资源范畴。这里重点强调与创新相关的研究资源、IT资源和合作资源等方面的投入。

加大创新软资源投入。创新的软资源，主要指与创新相关的人力、研究和合作等资源投入。一是创新人力资源。主要是指为建设与创新相关的人力资源队伍需要的资源投入，这一投入既包括各类创新人才引进、培养、交流等相关的人员力量投入，也包括与人才相关的工资薪酬、福利激励等人力费用投入，还包括各类奖励活动涉及的奖励费用投入。二是创新研究资源。加强金融创新的前瞻性研究力度，实现创新研究投入的费用增长率与经营业绩增长率成正比。重点加强与国内外知名公司、研究机构、院校之间合作，建立起战略性、前瞻性的金融创新合作平台，真正实现借力发展、创新发展、持续发展。三是创新合作资源。产品创新不是一个孤立的事物，需要发挥全社会的力量，以互惠互利、合作共赢为原则，整合内外部资源的综合优势。因此，需要加大创新合作资源投入，推进与第三方机构的合作力度。在条件允许的情况下，可成立金融产品创新合作基金，鼓励、促进金融企业与社会资源合作联盟的成立。加大创新硬资源投入。创新的硬资源，主要指与创新密切相关的IT资源、设备等资源投入。一是创新IT资源投入。创新IT资源投入是由于金融创新所需的IT软硬件开发的投入成本，它同样反映了金融机构对于金融创新的投入力度。加强创新的IT软硬件资源投入，实现创新的IT资源投入增长率与经营业绩增长率成正比。二是创新其他设备资源投入。在创新活动开展中，可能涉及网点改造、设备购置等相关的费用投入，这些投入应该根据创新需要予以适当考虑。

5. 创新成果要素，反映金融创新的效果体现

金融创新的好与坏，不仅要注重过程，也要注重结果；不能仅凭感觉，而必须由一定的创新成果来体现。创新成果体现在两个方面，既包括直接成果，如产品、服务、管理创新所带来的成果，也包括综合成果，如金融企业的总体规模、结构、效益等情况，其与直接成果只是其表现形式不同而已。

从直接成果看，不同的创新主体具有各自的创新成果体现。创新类型不同，成果的表现形式也有所差异。产品创新重在强调金融企业产品方面的创新成效，主要体现为产品创新的数量、质量和收益情况等；服务创新重在强调金融企业以

创新提升服务水准的成效，主要体现为客户满意度、社会美誉度、教育引导度等；而管理创新重在强调金融企业以创新促管理的成效，主要体现为管理架构、制度办法、考核评价等。这些成果的表现形式，主要是就某一创新主体而言的。

从综合成果看，其反映了创新对金融企业整体发展水平提升的影响。创新成果，不仅仅是单一创新主体带来的直接成果，事实上，创新更反映了一个金融企业的整体经营发展水平。因此，可以通过金融企业总体经营指标的好与坏，作为创新成效的综合反映。一是规模效应指标。通过金融创新，实现金融企业规模的提升，包括存款、贷款、中间业务、客户规模、网点规模的提升，其涵盖了存量的提升和增量的拓展。二是结构优化指标。通过金融创新，实现金融企业各项结构指标的优化，推进整体的结构调整和转型发展，包括业务结构、客户结构、人员结构、网点分布等方面的调整和优化。三是效益指标。通过金融创新，实现金融企业效益的增长，包括经营利润、中间业务收入等方面的提升。

6. 创新辐射要素，扩展金融创新的影响范围

如果说成果要素反映了金融创新对企业自身的提升作用，创新辐射要素则反映了创新对外围的辐射能力和扩展能力。只有把金融企业置身于一定的参照系中，才能反映出其辐射能力。对于金融创新而言，最重要的参照系就是同业和系统。只有在同业中具有示范效应，在系统内具有领先效应，才能真正说明创新是领先的。同业示范性反映了金融企业的创新在所处外部环境中的影响力。金融企业的创新能力是否在同业中领先，需要用一定的标准来衡量。通常意义上，是否最先研发出客户需要的新产品，是否最先推出满足客户服务的新方法，是否在管理机制上有新的创新举措，都可以作为重要依据。这些可以通过引入同业竞争力比较的方法来实现，评价指标可包括金融企业总体经营业绩在同业中的排名，各项业务品种在同业中的排名，同业首创产品、服务或技术的数量等。系统领先性反映了金融企业分支机构的创新在本系统内的影响力。金融企业分支机构在本系统内的地位如何，可以以系统领先性来考量。这种领先效应，主要体现在产品、服务和管理创新能力是否在本系统中领先，具有先发效应。系统领先性评价指标包括金融企业总体业绩在本行系统中的排名，各项业务种类在本行系统中的排名，本行系统首创产品、服务或技术的数量等。

四、金融创新促进产业结构转型升级

金融创新与产业结构转型升级之间存在着密切关系,金融创新带来的社会经济增长,可以促使国民收入增加、经济规模持续扩张,进而对产业结构产生影响。除此之外,对金融产业的创新,也在信息技术发展、金融资源配置和社会需求方面得到了体现,通过间接影响,对产业结构转型升级产生作用。

(一)金融创新在产业结构转型中的影响

1. 金融创新对消费需求的影响

随着社会经济的增长,人们的投资意识有了很大转变,致使传统消费方式已经无法满足人们的消费需求和理财需求,金融企业为了适应这种社会形势,开始不断开发新型消费种类,在满足人们消费需求的同时,也促进了社会投资意识的发展。在社会现阶段的消费结构中,信用卡和消费贷款等金融产品的推出,刺激了人们的消费意识,减弱了原有消费限制,在增加市场资金流通的同时,改变了原有的居民消费结构。在社会经济的不断发展作用下,我国居民消费需求正朝着多样性、多层次方向发展,金融企业通过推出满足居民消费需求的金融产品,改变了原有社会消费习惯,间接性地促进了社会产业结构转型升级。

2. 金融创新对社会资源配置的影响

在金融行业紧随时代发展的不断创新中,将社会资金朝着回报率较高的产业流入,回报率低的产业在社会资金分配中逐渐被过滤至市场边缘,在提高我国产业结构资金利用率水平的同时,通过效益回馈方式促进金融市场的繁荣。通过金融创新,对社会资源分配运行效率进行催化,并结合其他实体产业,对金融企业运行中的风险进行管理,以达到对国家产业结构整体进行调整的效果。同时,促进产业结构的转型升级也是我国金融企业发展和完善的体现,是社会资金配置进一步优化。

(二) 金融创新促进产业结构转型的具体措施

1. 改革金融体系以促进服务产业转型升级

在我国现阶段的金融产业中，中小型银行发展势头不足，国有商业银行在金融产业中呈垄断格局，使金融产业整体竞争力不足，不利于促进我国产业结构转型升级。为了实现金融产业的创新，需要先对金融行业内结构进行优化，提升金融服务效率。

在金融产业结构优化的具体实践中，需要先对国有银行内部体制进行改革，在提高企业融资效率基础上，推动中小银行的发展，增加金融产业机构数量，增强金融产业的整体竞争力和市场化水平；此外，对一些保险、证券等非银行的金融机构也需要完善其体制发展。

2. 创新金融市场构建多层次的产业结构体系

多层次的产业结构包括直接融资和间接融资方式，在促进产业结构转型升级阶段，提高企业直接融资渠道、平衡企业发展和融资之间的关系尤其重要。由于银行的融资成本较高，不利于构建多层次产业结构体系，为了拓宽企业融资渠道，加快产业结构的转型，国家可以出台相关政策，鼓励具备上市资格的公司积极上市，打造出一批机制健全、市场竞争力较高的上市企业，规范资本服务市场，以建立能满足多种企业融资需求、运作高效的多层次产业结构体系。

新兴产业的发展，可以通过股票、债券等融资方式扩大产业规模，对于产业市场内的电子信息、生物医药、新兴服务业等产业，为其提供直接融资的绿色通道，降低产业筹资成本，鼓励其通过创业板或中小企业板进行上市，以满足新型金融市场对产业结构转型与升级促进作用。

3. 创新金融产品以促进产业结构的升级

金融产品的创新不足，会严重制约金融结构的升级，为了实现金融创新对产业结构转型升级的促进作用，需要在产业市场内不断探索创新金融要素，运用新型金融工具，加强金融产品的创新，积极鼓励中小企业运用多种新型金融工具进行融资，以促进自身发展。对外贸企业，提供一定的保值避险金融工具，促进外贸企业在我国产业结构中的发展，丰富产业结构；对于新型创业投资企业，国家应给予其一定支持，设立创新投资基金和风险赔偿机制，让创业风险降到最低，并积极探索研究新型金融产品和服务方式，全方位地促进我国产业结构转型升级。

4. 创新金融制度以加强产业结构的监管

在促进产业结构转型、升级过程中，需要对金融创新行为制定相应的以技术为导向的金融政策。引导金融企业对社会资金配置的利用效率，运用科学手段将社会资金往科技含量高、带动能力强的新型产业中流入，从而促进产业结构转型升级。

通过政府采购或补贴等手段，加强金融相关政策与国家财政政策的相互配合；通过增强制度管理以引导金融支持，在产业结构转型升级中增强政府在对金融的监管作用，通过一系列的金融创新措施来促进我国产业结构转型升级。

在对金融创新促进产业结构转型升级的作用探讨中，为了证实金融创新在产业结构转型升级中的积极作用，需要从金融创新对消费需求、社会资源配置的影响等多方面进行分析。但是由于金融创新领域进入门槛较高，无法全面发挥金融创新在产业结构中的规模效应和结构效应，因此，在我国产业结构转型升级过程中，扩大金融创新规模和改变创新结构，对优化产业结构具有重要现实意义。

✦ 第三节　金融创新的影响与挑战

一、金融创新的影响

（一）金融创新的影响概括

金融创新使得对货币的定义和货币层次的划分更加复杂，同时对货币流通速度也产生了较大的影响。从货币乘数和货币流通速度的反向关系对传统的货币乘数进行修正，从而可以得出：金融创新使货币流通速度降低。同时通过近年来中国货币流通速度和货币乘数的实证检验，上述结论基本成立。下面从修正的货币乘数角度，分析金融创新对货币流通速度的影响：

(二) 货币流通速度的模型

1. 交易型的货币数量模型

原始货币数量论认为，经济中货币需求量与所需满足的商品交易量成正比，用公式表示就是费雪的货币交易方程：$MV=PQ$。

其中 M 为货币数量，V 为货币流通速度，P 为商品价格，Q 为商品交易量，PQ 乘积即为某一时期内的商品交易额。可见，货币流通速度最早的定义乃是指年度内单位货币被使用的平均次数，因而又被称为货币交易流通速度。

2. 收入型货币数量模型

20 世纪 60 年代到 70 年代，以弗里德曼为首的货币主义学派发展了货币数量论，新的货币数量论方程式如下：$MV=PY$，其中 PY 指名义货币收入，伴随这一转变货币流通速度亦有了新的含义：一定时期内单位货币周转（这里所指的周转包括再生产的全过程）的平均次数。因而又被称为货币收入流通速度。

从上述模型可以看出，二者在原理上基本统一，它们的区别主要在于前者是源于货币作为交易手段的职能来解释货币流通速度，而后者则是从货币储藏手段（永久性收入）的职能来解释。根据货币均衡理论，货币市场均衡的条件为 $MS=MD$，所以货币的流通速度 V 和货币的供给量具有直接的关系，众所周知，M_2 是由 M_1 和准货币 (M_2-M_1) 构成的，其中 M 对应货币的交易职能，准货币对应货币的贮藏职能。把二者加以综合可以得出货币流通速度的一般公式为：$M_2V=GDP$。

(三) 金融创新对货币流通速度的影响

1. 金融创新对货币定义和货币划分的影响

从整个货币发展的里程来看，一般认为货币经历了朴素的商品货币阶段、贵金属货币阶段、代用符号货币阶段、电子货币阶段四个阶段。各阶段就其作为货币的价值与本身所包含的价值而言，具有实物货币、金属货币、信用货币、电子货币、数字货币等多种形式（其中数字现金是电子货币发展的较高阶段形式）。金融创新的日新月异使得理论界对货币的定义变得日益困难。货币到底是什么？传统的货币定义认为货币是为广大公众所普遍接受的一般等价物的特殊商品。在围绕着理解和把握货币到底是什么这一问题上，经济学家和社会学家们被长期困扰，特别是金融创新使货币的外延越来越广泛，致使对货币的界定越发复杂。

金融创新，特别是大量金融业务创新后，涌现了许多新型账户，这些账户的出现使传统货币供给层次划分出现混乱，如 NOW、ATS、MMDA 等新型账户都具有开具支票的功能，类似于活期存款，理应划入 M_1 但这些账户余额又大部分放在投资性储蓄账户内，实际上它应属于 M_2。由于类似的金融创新，各国对货币供给层次的划分不断进行修改。尽管频繁修改，但金融创新带来的难题仍未完全解决，如电子账户、多功能信用卡和网络支付账户等对应的货币层次，各国中央银行目前尚无明确答案。所以，金融创新使得对于货币的定义和货币层次划分更加难以界定，从而直接影响到货币流通速度的分析与测定。

2. 货币流通速度和货币乘数的关系

货币乘数是指在基础货币（高能货币）基础上货币供给量通过商业银行的创造存款货币功能产生派生存款的作用产生的信用扩张倍数。在一定的名义 GDP 下，货币乘数 B 和货币流通速度 V 之间存在反比关系，即在一定的产出水平下，货币流通速度增大，则货币乘数减少；反之亦然。所以要分析金融创新对货币流通速度的影响，只要找出影响货币乘数的因素，就可以得出相应的结论。

3. 从修正的货币乘数来看金融创新对货币流通速度的影响

金融创新对货币的定义和货币层次的划分产生了深刻的影响，随着金融工具种类的不断丰富，无论是流通中的现金还是各类存款等流动性不同的货币供给都发生了较大的变化。金融创新对货币乘数的各种影响因素的影响变化如下。

（1）对现金的影响

随着电子技术的日益成熟，电子货币的发展将会成为货币的主流。经济体之间的借贷、消费、转账等将无一不是通过网络进行结算，支票和现金结算将逐步减少。特别是数字现金是在银行存款转移支付工具的逐渐深化和对现金通货的逐渐挤占的基础上发展起来的电子货币的高级发育形态，是货币经历实物货币、贵金属货币、代用符号货币（纸币）等各种发育阶段类型的电子货币不断发展和演化的产物，具有良好的匿名性、无限的分割性、真实的价值性、快捷便利和可交换性等一系列的优点，可以推知，数字现金对货币形态演化的这种影响趋势将使数字现金不断挤占现金通货纸币和存款通货的某些形态而逐渐成为未来数字货币时代最主要的流通货币形式之一，它是现金纸币通货和非款通货的最佳替代者，因此，从其问世以来便迅速挤占现金和存款通货中数字现金前期各种发育形态的电子货币的位置，并且后来居上。不难推知，随着数字经济对整体经济增长贡献率的提高，实体经济对现行的现金纸币通货的需求将因数字现金的逐渐挤占而大幅缩减至少量存在，数字现金则会广为流行，而结算性临时存款通货的大部分将逐步转化为数字现金形态，小部分仍将以卡型电子货币形态和非款转账型电子货币形态存在，但也将逐渐向数字现金形态转化。

（2）金融创新对货币层次和货币乘数的影响

金融创新使传统货币层次的划分变得越来越模糊，各种货币之间转变的交易成本越来越低，而且货币层次越来越多，如 NOW 账户、ATS 账户等。在西方国家金融市场，由于金融产品不断创新，日益增多，不同流动性的金融创新产品在不同程度上充当了商品交换的媒介，成为事实上的货币。这样一来，货币的供应规模量不断扩大。这里可以引入一个金融创新下的可以充当货币媒介的可替代性金融资产的一个量，即在货币供应量上加入一个量 Mc，所以金融创新下货币供应量为：

$$M = C + Dr + Dt + Ce + Mc$$

金融创新对货币流通速度的影响可以从不同的方面得到解释，其中现金漏损率的降低、替代性金融资产的比例增大和超额准备率的下降都使货币的流通速度降低，而数字现金占活期存款比例则会使货币的流通速度加快。总体来说，由于数字现金和活期存款的流动性都比较强，所以在一定时期内产生较大的相互替代可能性不大（但是从长远来看 Ce 还是增大的），所以要考察在一定时期内货币的流通速度或者货币乘数发生变换总体趋势是：金融创新使货币乘数增大，流通速度下降。

（四）中国货币流通速度和货币乘数变化的实证检验

中国金融创新起步较晚，所以金融创新的水平相对于西方国家来说远处于较低的水平。但是近年来随着中国金融体制改革步伐的加快，金融创新也获得了阶段性发展，特别是电子技术的应用带来的技术创新以及金融体制改革方面的制度创新都取得了较大成果。现阶段金融产品更加丰富，金融的市场化改革步伐越来越快。这些举措无疑都会对中国的货币流通速度产生一定的影响。从检验的数据来看，中国近年来货币的流通速度和货币乘数呈反向关系，基本符合理论上成立的关系；同时，检验结果基本满足金融创新发展的趋势，特别是近年来金融创新的步伐加快，货币流通速度和货币乘数变化的速度加快。

二、金融创新的挑战

金融创新的道德风险就是金融机构及其从事金融领域工作的精英们为追求自身利益的最大化使创新脱离了道德的轨迹，造成了道德危机，进而危害投资人和金融机构的利益。近年来，由于追求竞争优势和高额利益，西方国家出现了放宽金融管制与倡导金融领域的自由化经营的倾向，如允许各金融机构业务交叉，放松对本国居民和外国居民在投资方面的诸多限制，货币政策宽松、资产证券化和金融衍生产品得到了无节制的发展等，使道德风险不断积聚，最后导致危机的爆发。具体而言，金融创新的道德风险主要包括以下几个方面。

（一）金融创新以规避制度监管为目的，使道德风险失去了有效的制度控制

道德风险首先源自制度管制缺失的风险。按照制度经济学的观点，人是制度化的人，没有好的制度环境，好人也会变为坏人。金融创新的原动力之一就是可以通过创新以突破旧体制的限制。按照凯恩（J. Kane）的规避型金融创新理论，金融创新就是回避各种金融控制和管理的行为。也就是说，当外在市场力量和市场机制与机构内在要求相结合以规避各种金融控制和规章制度时就产生了金融创新行为。凯恩认为，许多形式的政府管制与控制实质上等于隐含的税收，阻碍了

金融业从事已有的营利性活动和利用管制以外的利润机会，因此，金融机构会通过创新来逃避政府的管制。在他看来，金融创新与金融监管是相互博弈均衡的过程。综观数次美国金融危机，根源之一在于现有金融机构通过金融创新，形成了一个完全不同于传统金融体系的"影子银行"体系。其核心是通过一系列金融产品、金融工具、金融市场的创新，突破既有的金融监管体系，以便在这种无监管金融交易中获得最大利润。

对金融监管的规避使败德现象时有发生。例如，利用监管制度的滞后性以及法律的"真空地带"，滥用金融创新或恶意金融创新；利用金融机构的特殊性，对公众不公开有关金融产品的信息，导致由于信息不对称产生的道德风险等。由于监管制度的不完善，使得金融创新行为乃至不道德行为合法化，从而变相鼓励了某些不道德的金融创新行为。

此外，从金融监管的形式以及金融监管失效的原因来看，由政府主导的监管尤有不足之处，它不可能从微观层面来监督和解决所有的问题，法律监管和道德监管就显得尤为重要。

（二）金融创新引发的金融风险转移，致使投资者承担了道德风险的后果

创新是对未知世界的探求，其根本特征是不确定性和风险性。然而，创新同时又能抵御一定的风险，金融创新的原动力之一是规避金融风险，金融创新的特点是将诸多风险以不同的组合方式再包装，相对于传统金融业务，这种方式更加复杂。它对单个经济主体提供风险保护的同时却将风险转移到了其他更多的经济主体上，如果经济主体都想转移同一方向的风险时，风险就会集中爆发，给金融体系造成严重危害。

为何以规避风险为目的的金融创新会使风险毫无限制地产生？答案就是把风险扔给别人。对于金融创新者而言，他们非常清楚并懂得风险的含义，而当他们自己的风险较小或风险能够转移时，为了欲望和贪婪，他们会制造风险，除非他们是有道德的人，或者是受制度约束的人。金融市场的扩大和繁荣靠投资者的数量，金融机构为取得更大的利益、规避投资风险，通过金融创新吸引更多的投资

者参与市场，同时也使金融机构的风险转移到投资人身上，致使投资人的利益受到损害。

对于投资人而言，他们的投资行为也是受利益所驱使的。他们能接受金融创新并承受道德风险源于对投资收益的预期，在此前提下，投资者为了获取更高的收益愿意承担风险。当无论金融创新的主体还是高风险倾向的投资者都追求收益最大化时，就出现了共振和同向效应，这使得金融创新发起者的金融风险的转移成为可能。

（三）金融创新打破了原有的信用体系，使道德风险的防范体系更加脆弱

金融创新导致了银行信用体系的风险。信用风险是交易对方无法履约偿还借款而造成的损失，这既包括金融机构又包括投资者。金融机构既要有信用，又要追求效益和利益，二者要有平衡，如果追求效益和利益的动机占了上风，就会出现信用危机和道德危机。

制度经济学家凡勃伦提出了金融机构的内在脆弱理论，该理论认为商业银行要发挥作为金融中介的作用必须满足以下两个条件：①储蓄者任何时候都可以提款，对银行充满信心；②银行能够在众多的项目中筛选出效益较好的项目。也就是说，银行首先要有信用，其次要能提供给投资者盈利的产品。这说明，银行从产生之日起就是与信用紧密相连的，信用是其安身立命之本，而金融产品创新则是银行业竞争的结果，为了吸引更多的资金银行在监管无效的情况下从事高风险行业，创造出令人眼花缭乱的金融创新产品，由于创新产品的复杂性、链条的间接性、预期的不确定性以及信息的不对称性，导致了信用的脆弱性和无效性。

金融创新还改变了原有的信用承诺体系，使信用度降低，这种创新模式没有保证投资者在分配中获益，失去了应有的承诺和保障，导致投资者的利益在无形中受到损害。

第二章　互联网时代下的金融创新技术

❖ 第一节　大数据技术

大数据会成为互联网金融的核心，人工智能和区块链这两个技术，在未来会使数字货币在金融市场当中的使用权重大大增强。同时可以彻底改造人和金融机构之间的关系。所以在大数据意义上，未来的金融机构的核心能力不是存量的改造，而完全是增量的变化。在这种情况下，金融机构的核心能力，无论是网点能力、客户能力还是产品能力，在大数据和人工智能的范畴当中，所有的资产都可能会失去意义。

如果说通过大数据方式，通过人脸识别方式，可以把高净值、愿意接受新的金融产品的人抓取出来，那很可能现在银行所保有的这一块，现在来看还是一个非常具有竞争能力的私人银行业务，他们自己也是通过社群化的方式，重新打通用户的关系点。

一、金融大数据概述

当今，信息技术为人类步入智能社会开启了大门，带动了互联网、物联网、电子商务、现代物流、互联网金融等现代服务业发展。

（一）从资源视角来看，大数据是新资源，体现了一种全新的资源观

分布式存储和计算技术迅猛发展，极大地提升了互联网数据管理能力，引发全社会开始重新审视"数据"的价值，开始把数据当作一种独特的战略资源对待。

（二）从技术视角看，大数据代表了新一代数据管理与分析技术

传统的数据管理与分析技术以结构化数据为管理对象，在小数据集上进行分

析，以集中式架构为主，成本高昂。与"贵族化"的数据分析技术相比，源于互联网的、面向多元异构数据、在超大规模数据集上进行分析、以分布式架构为主的新一代数据管理技术，与开源软件潮流叠加，在大幅提高处理效率的同时，成百倍地降低了数据应用成本。

（三）从理念视角看，大数据打开了一种全新的思维角度

大数据的应用，赋予了"实事求是"新的内涵，其一是"数据驱动"，即经营管理决策可以自下而上地由数据来驱动；其二是"数据闭环"，互联网行业往往能够构建包括数据采集、建模分析、效果评估到反馈修正各个环节在内的完整"数据闭环"，从而能够不断地自我升级、螺旋上升。

当前，国内外缺乏对大数据产业的公认界定。从数据应用的角度来看，大数据产业既包括在大数据采集、存储、管理、挖掘等环节提供数据资源供给、数据分析服务、数据应用产品的"核心大数据企业"，也包括诸多非信息技术领域中，适用大数据理念、技术来提升运作效率、提高决策水平的"大数据生态企业"。

未来，大数据技术将呈现出数据源更丰富、处理技术更强大、分析技术更精准等趋势。数据源方面，经过行业信息化建设，医疗、交通、金融等领域已经积累了大量的数据资源；而随着物联网的应用、移动互联网的普及，来自社交网络、可穿戴设备、车联网、物联网以及政府公开信息平台的数据，将成为大数据增量数据资源的主体。数据处理技术方面，谷歌文件系统（GFS）、Hadoop 分布式文件系统（HDFS）技术的出现，奠定了大数据存储技术的基础；而日后出现的 MapReduce（映射—规约模型）、Storm、Dremel、Spark、Pregel 等各类大数据技术，进一步提升了大数据处理能力，在开源社区的不断努力之下，性能更高的新技术将不断涌现、快速更新。数据分析技术方面，大数据为人工智能、深度神经网络的研究突破提供了技术和数据保障。未来，大数据技术不但能够大大降低企业部署联机分析处理（OLAP）、数据挖掘等数据分析工作的成本，更可在大地结构化/半结构化数据及文字、图片、音频、视频等非结构化数据中获得更多的价值。

二、金融行业大数据

随着大数据技术的快速发展，大数据在金融业的应用场景正在逐步拓展，在风险控制、运营管理、销售支持和商业模式创新等细分领域都得到了广泛的应用。

（一）金融行业数据源概览

金融行业内部积累的大数据资源、行业外部获取的大数据资源均可为金融行业所用。按照具体的业务场景，可将金融行业内的大数据源划分为银行业数据、证券期货业数据、保险业数据和互联网金融平台数据等方面。

1. 银行业数据

银行业数据主要包括以下五个方面，即客户信息数据，由客户交易获取的结构化数据，银行业务处理过程中采集的用于集中作业、集中授权、集中监控的影像、视频等非结构化数据，银行网站点击中隐含的大量客户需求或产品改进信息，各类媒体、社交网络中涉及的银行信息等。

2. 证券期货业数据

证券期货业的经营对数据的实时性、准确性和安全性的要求较高。证券期货数据包括实时行情、历史金融数据、统计数据、新闻资讯等，数据涵盖股票、期货、基金、债券、股指期货、商品期货等与宏观经济、行业经济息息相关的多个方面。证券期货数据的数据量大、变化快，期货数据每秒更新两次，每日产生上万笔数据。新闻资讯不仅包括新闻信息和机构研究报告，还包括论坛、微博发布的网络舆情信息，这些数据需要采用网络爬虫、语音分析等非结构化数据处理方法进行数据挖掘。

3. 保险业数据

保险业数据包括保单、理赔电话营销录音、保险业相关行业业务数据、与具体险种相关的行业外数据（气象、经济指标、区域统计指标等）、医疗保险记录和病历、汽车险及投保者的驾驶违章记录数据等。保险业的非结构化数据多为影像数据，这些数据为保险公司的各类决策提供支持，支撑保险营销、定价等业务的开展。

4. 互联网金融平台数据

互联网金融平台数据包括支付数据、网络融资数据等方面。支付数据即用户的转账汇款、机票订购、火车票代购、保险续费、生活缴费等支付服务数据，网络融资服务数据主要是贷款方的财务报表、运营状况、个人财产等资信相关数据、投资方的个人基本信息和行为信息及偏好信息。互联网金融公司除了在自身服务平台上搜集数据外，还可以在互联网上获取如用户的网页浏览数据、其他平台交易数据、网络言论等数据资源，对客户的行为进行交叉验证。

（二）金融行业大数据应用

由于行业的特点，金融行业在"大数据"概念提出之前，一直是数据治理、数据分析领域的积极实践者，并在数据仓库、数据分析平台、数据挖掘等领域进行了卓有成效的实践。近年来，金融行业积极吸纳、学习"大数据"理念和相关技术，结合自身业务将既有的数据分析工作推向了新的高度。目前，大数据治理和分析能力已经成为各类金融机构的核心竞争力和发展的重要推动。

以下是金融行业大数据的一些典型应用场景。

1. 银行业的大数据应用

商业银行对数据的集中、规整、分析、挖掘可以追溯到 2000 年前后。近年来银行 IT 系统建设积极采用大数据所带来的开放、聚合、互联、智能的理念和相关技术体系，取得了一系列应用成果。

（1）大数据平台建设

实现目标：基于既有的数据仓库或内部数据分析挖掘平台，及时跟进、评估开源社区和大数据行业的技术发展进展，搭建融合数据仓库和开源技术的大数据处理平台，使得商业银行有能力基于行业内外的数据源开展各类大数据应用。

具体内容：在现有统一的数据库架构下，逐步审慎评估、纳入 Hadoop、YARN、Spark、Tez、HBase、Kafka、OceanBase、NoSQL、内存计算、流计算和图计算等技术，使用个人计算机架构服务器搭建更具经济性的计算集群，以期在数据吞吐量、处理速度、数据源多样性、IT运维成本等方面获得较高提升，有效支持商业银行在线上、线下各类业务的效率提升和融合。

(2) 大数据产品创新

实现目标：基于商业银行多年积累的海量内部数据，纳入合规合法的外部数据，开发出门槛更低、更加便捷高效的创新产品，提升产品的竞争力。

具体内容：在多年积累的产品体系基础上，进一步提高内部数据的打通、整合、挖掘水平，纳入覆盖面更广、颗粒度更细的内部数据，借助特征工程、机器学习等大数据分析技术，结合征信、税务、互联网公开数据等外部数据源、在个人/对公信贷、供应链金融等业务场域中进行产品创新尝试，开发出线上申请、快速审批的互联网信贷产品。

(3) 大数据风控尝试

实现目标：利用大数据的先进技术，打通内部、外部数据，提升内控合规、反欺诈、信用风险管理等方面的技术水平。

具体内容：采用大数据总线技术，提升数据获取的颗粒度和数据更新速度，借助网络爬虫、图数据库、机器学习等大数据技术，提升数据分析的精度和场域匹配度，全面掌握客户风险情况，提升非现场审计的业务占比，在提高风控质量的同时，有效提升业务效率，减少时间、资金和人力资源的支出。

(4) 大数据营销服务探索

实现目标：利用行内积累的客户数据，结合大数据分析技术，准确理解客户需求，发掘潜在客户，提升对客户感知能力和个性化营销、服务水平。

具体内容：引入非结构化数据处理技术，结合大数据总线技术、机器学习建模、个性化营销技术，利用内部各渠道积累的数据，强化客户行为数据的收集利用，提升数据获取的颗粒度和数据更新速度，通过线上或线下客户经理等通道，准确感知客户的实时需求，并实现全渠道伴随式服务和营销。

2. 保险业的大数据应用

(1) 费率计算模型优化

实现目标：利用过往业务中积累的真实理赔数据，结合内部和外部大数据，通过构建更加精细的模型，实现保费精准差异化定价，提升盈利能力。

具体内容：利用大数据平台，将内部的客户属性信息、外部获取的客户行为习惯信息与真实的客户理赔数据进行关联，进而使用因子分析、特征工程、逻辑回归、决策树、随机森林等算法，经过多轮数据建模与场景化调优，构建出基于大数据保费定价模型，对不同理赔概率的客户提供差异化的报价。

（2）客户结构优化

实现目标：利用历史积累数据，从既有的客户群中，探索出高价值客户群，为进一步优化客户结构提供决策参考。

具体内容：借助关联分析、回归建模、机器学习建模等方法，结合业务规则，对赔付率正常、件均保费高、库存高的客户群体进行档位确定设计专项营销，提升高价值客户群的业务转化率。

（3）好名单优选

实现目标：利用数据挖掘方法进行客户营销转化率分析，区分目标客户的营销转化率，提升营销成功率。

具体内容：使用回归分析、决策树建模等多变量分析技术，利用既有数据和外部数据资源，对客户进行精准画像，进而以转化率为优化目标，建立营销转化率预估模型，发现转化率高的客户，优先实施营销。

（4）基于客户行为的营销资源优化

实现目标：基于历史数据和客户行为数据，实现营销资源的合理配置和有效使用，从而提升营销效果。

具体内容：对营销资源管理系统及历史数据进行分析，结合外部数据，分析客户行为偏好，找出投保最优配置，同时对投保系统进行优化，逐步形成投保全生命周期管理的完整流程。

3. 证券业的大数据应用

证券业是典型的数据生产行业和数据驱动型行业，无论是在经纪业务中更好地获客、为客户提供投资咨询和辅助决策，还是在资产管理中的量化投资模型的建立，都已经离不开大数据的支撑。

（1）大数据经纪业务

经纪业务作为典型的通道中介，券商服务标准趋同，陷入价格竞争的红海，而大数据的引入为券商提供差异化服务提供支撑,助力券商将经纪业务由通道类业务转变成包含增值服务金融服务,深刻改变着行业竞争格局。

客户营销:建立潜在客户识别模型和新增客户质量评估模型,制订针对性的营销方案,大大提高拉新效率;对于存量客户,通过建立客户渠道偏好模型、客户购买倾向预测模型、客户投资能力评价模型、产品关联分析模型、客户满意度评价模型和客户忠诚度评价模型等,制订针对性地促进客户活跃度的应对方案,开展相应的营销活动,提高客户活跃度和贡献度。

客户转化率提升:通过对客户交易习惯和行为分析,提升客户交易的频率、客户的资产规模,从而提升业务收益。具体而言,就是根据客户的行为偏好,推荐不同的服务:对于交易频率低且年收益率较低的客户,推荐理财产品;对于交易频率高、收益水平高的客户,推送融资服务;对于交易频率低、资金量大的客户,主动提供投资咨询服务。

证券咨询服务:利用大数据技术提升投资咨询服务水准,增强客户黏性,例如,基于每日实时抓取的新闻资讯和股票、政经相关数据,通过大数据分析,帮助用户快速获取全网关注的投资热点。

(2) 大数据资产管理业务

实现目标:通过构建大数据模型,理顺主力资金与散户资金、主力行为与市场走势、散户情绪与市场走势等的关系,从而增加投资胜率;利用大数据技术,建立针对各个市场、面向不同用户的交易策略,让投资者能够科学稳定地在全球市场投资。

具体内容:利用大数据建立算法交易与投资平台,为证券公司资产管理部、证券投资部提供包括高频行情、智能策略交易与交易报盘绿色通道等在内的更加丰富、高效的策略化投资手段;借助大数据技术挖掘历史数据、高频数据和实时分析当前流式数据,通过交易策略的多维运算发现获利机会,根据设定策略全自动委托下单,从而快速完成交易服务,保证执行效率,降低冲击成本,同时实现高端客户的个性化营销,提升客户价值。

4. 基金业的大数据应用

大数据一个重要的应用是用来进行辅助投资、制定投资策略。具体来看,大数据可以用来进行选股和择时。选股方面，就是利用大数据甄选出基本面向好或投资方关注度较高的股票并形成投资组合，前者如根据电商网站统计数据购买近期销售向好、价格提升的产品品类的股票，后者如根据财经网站股票板块不同股票浏览数据筛选出近期关注度较高的股票。择时方面，可以利用大数据捕捉投资者的市场情绪，例如根据财经网站股票板块的点击量、关键词如"股票"的搜索量、博客中股票市场文章的发表和点击量等构建情绪指数，在市场情绪上涨时提升组合仓位、在市场情绪回落时降低组合仓位。

5. 互联网金融的大数据应用

互联网金融企业多数为纯线上服务，与客户没有直接接触，它收集客户数据的来源主要分为如下几类：第一类是自身积累的数据，这主要包括客户在金融服务类网站的行为记录，如电商的交易日志、支付的流水记录，以及一切登录浏览等行为；第二类是通过各类线上线下的合作伙伴处获取的数据，如行业黑名单、法院审判结果、第三方信用评估等；第三类是通过网格爬虫从互联网上采集的公开数据，包括新闻、各种空间自媒体等；第四类是客户授权从其他系统获得的数据，如客户的信用报告、联系人、工资单、银行流水、电商记录、信用卡流水、通话记录等。这些信息单，单独存在的价值都不大，但当它们汇聚成海量信息，成为大数据，经过数据采集、清洗、分析、建模、机器学习等一系列步骤，就可以建立集中式大数据平台提供服务。目前大数据在互联网金融行业的应用较为突出的领域有授信、风控反欺诈、营销、动态定价等。

（1）用户画像

无论是借钱还是投资，企业都需要深入了解客户，包括收入水平、偿还能力、消费偏好、资产配置等，甚至还包括他的心理状况、社会关系、所处行业的趋势等。这些对于客户投资借贷行为的预测都有着至关重要的意义。

（2）快速授信

互联网金融通过大数据等技术手段降低了征信成本和营销成本，使更广泛的人群也拥有了贷款/投资的机会，现在行业小额贷款的审批速度已经普遍达到了几秒甚至秒级。

(3) 风控/反欺诈

互联网在降低金融服务成本的同时，也给金融欺诈打开了方便之门。身份伪造、恶意逾期等行为使互联网金融行业损失数以十亿元计，每个企业都为如何堵住漏洞发现欺诈绞尽脑汁。

通过对用户网络行为、设备动态、平台行为、交易行为，及整体行为的分析，可以形成一个用户的行为数据图片。例如，通过大数据业务分析和技术分析手段特别是特征工程能力对这些海量数据进行处理，综合评判各细分人群对平台的影响，并依照平台的目标制定差异化运营措施，并从技术和业务角度制定相应的运营措施。

欺诈行为包括伪造信息提高授信，利用流程漏洞套利，甚至盗窃、伪造身份骗贷。由于互联网的非接触性和便捷性，使得这种欺诈实施起来更隐蔽，完成起来更迅速。在进行大数据反欺诈时，通常需要多个风控模型协同工作，这里包括基于用户个人申请信息的模型、基于用户社交关系的模型和基于用户历史交易的模型等。同时，还可以使用机器学习模型来自动挖掘非线性的特征组合，提高识别的准确率。大数据反欺诈的一个明显优势是，当模型众多、计算量达到一定程度时，结论和数据之间的关系已经无法靠人类经验来解读，在这种情况下任何针对单一风控模型的造假就变得极为困难甚至毫无可能。

(4) 大数据营销

对于互联网金融服务机构来说，它的一个永远的痛点是：如何在第一时间洞察客户的金融需求，使用有效手段触达客户，推荐最适合的产品，引导客户在本机构完成贷款或进行投资。

大数据在营销方面的一个解决方案包括分析信贷产品、洞察目标客群、做客群画像；通过意愿预测模型，预测客户意愿；对客户进行分层，不同价值等级采取不同的营销手段；结合客群共同特征进行营销模板的设计；实时性的数据反馈，进行模型的优化迭代；对客户的动态分析，帮助风控建模及交叉营销。由于结合了大数据的精准营销模式，整体响应率、符合率都比传统模式有较明显的提升，模型逐步地优化迭代，各环节营销效果也是呈上升趋势。

（5）动态定价

动态定价是指抛开传统的围绕产品的固定定价模式，将价格与服务的场景、对象绑定在一起，更精准地用价格杠杆应对风险，达到提高收益的目的，这个应用的典型例子是运费险：通过大数据分析，让保险公司能够针对具体的人和商品来进行定价。具体来说，就是通过对退货风险的大数据分析，发现退货概率和消费者属性和消费场景的内在关联，例如，女性更容易退货，鞋类退货率高。再通过数据建模和深度学习制定出总收益最高的保险费策略。于是，对低退货风险的人和商品，运费险只要几毛钱，而在高退货风险的情况下，运费险甚至可能比商品价格还贵。最终保险公司提高了收益。另一个目前开始流行的动态定价的应用是动态利率。对于同一类信贷产品，针对不同用户，甚至针对不同场景下的同一个用户，都可以实现利率实时计算，而不是基于某种预先设置的静态策略。

（6）大数据的流通

随着大数据时代的来临，金融、商贸、医疗、教育、人工智能等产业对数据流通共享的需求日益增长。

对于敏感度较高的金融行业大数据，其流通价值是可以预见的。业界普遍认为，必须依托政府和市场的双重力量。由数据供方、数据平台、数据需方和监管机构四方参与的数据交易机构作为兼具"技术、信息安全和法律保障"的数据价值转化渠道，可以有效规范数据交易行为，实现商业价值、个人隐私和公共利益的平衡。

三、金融大数据发展展望

（一）金融行业内部、外部数据的融合力度进一步加强

金融行业的信息化程度较高，并已在多年的数据治理过程中积累了丰富的数据资产。近年来，一些金融机构已经尝试多种跨界合作的场景，并在其中尝试接入税务、工商、运营商等外部数据，实现内部金融数据与外部行业数据的融合，已经初步发掘了大数据融合的协同价值。

与此同时，一批非金融企业进入金融服务领域，这些"外来者"过去往往在

行业中已经有很深的沉淀，或多或少也积累了一定的数据。进入金融领域后，原有数据被重新梳理，因而从另一个角度审视其数据价值。原有行业数据的金融短板也要求企业引入更多的数据，通过跨界融合产生新的数据应用场景，未来，金融行业内部、外部数据将进一步融合，大数据应用将获得更全面、细致的数据基础，从而推动更多基于大数据的金融业务创新。

（二）大数据对金融业务的驱动作用进一步显现

近两年，金融机构在充分消化、吸收大数据技术的基础之上，利用大数据的理念与技术，开展了一系列的大数据应用，从用户画像深入到用户特征分析，并通过不同角度的业务特征分析把数据应用扩展到从日常运营、产品创新、风险控制、个性化客户服务等主要的业务领域，在一些业务领域中，大数据已经深度融入业务流程的计划、执行、监控、评估解释环节，形成了业务大数据的完整闭环。通过大数据闭环，可以快速验证数据应用的效果和价值。

大数据与人工智能将推动新一波金融创新。诸如深度学习、图分析、自然语言处理、语音识别、图像内容理解等技术也在快速演进，将会逐渐发展成为金融细分业务的数据驱动引擎。智能投资、精准营销、反欺诈、反黑产等数据引擎已经进入实战阶段，显现出很高的业务价值。未来，越来越多的精细化、全流程的闭环业务驱动引擎将会出现，在金融经营活动的各个领域发挥价值，提升金融机构的经营效能。

（三）金融机构与大数据服务机构的合作进一步深化

近年来，一些金融机构与专业的大数据服务机构合作，将自身对金融业务、客户市场的深度理解与大数据服务机构的数据资源整合能力、大数据技术实践能力结合起来，共同研发出了新颖、实用、高效的大数据金融应用，获得了市场与客户的共同认可。在这一过程当中，一批技术过硬，依法合规开展大数据服务的新型专业机构逐渐涌现，这类以大数据服务作为主营业务的新兴机构，往往在金融机构的细分业务领域提供数据技术层面上的各种技术工具和技术服务。

金融大数据的应用开发唯快不破，面对激烈的市场竞争，越来越多的金融机构将与数据交易市场、数据应用提供商、数据驱动引擎开发商等专业大数据服务机构进行合作，从数据获取、存储、分析、呈现等各个层面上开展协同创新，共同发掘金融服务的新价值，新兴大数据服务机构将由此成为金融大数据生态的重要组成部分。

✤ 第二节 云计算技术

一、金融云计算概述

云计算是一种 IT 资源的交付和使用模式，是指通过网络以按需、易扩展的方式获得所需的硬件、平台、软件及服务等资源。它是由分布式计算、并行处理、网格计算发展来的，是一种新兴的商业计算模型。

云计算是推动信息技术能力实现按需供给、促进信息技术和数据资源充分利用的全新业态，是信息化发展的重大变革和必然趋势，发展云计算，有利于分享信息知识和创新资源，降低全社会创业成本，培育形成新产业和新消费热点，对稳增长、调结构、惠民生和建设创新型国家具有重要意义。当前，云计算已引发金融领域重大变革，是金融科技的必要组成部分。

（一）云计算加速金融行业 IT 架构转型

在"互联网+"时代，业务的转型发展对 IT 系统的安全性、实用性与业务持续性提出了更高的要求，基于上述因素，一些高端软硬件技术架构的弊端逐渐显现。

近几年来国内外云计算发展十分迅猛，除了新兴的云计算厂商在大力推动云计算发展之外，一些传统 IT 厂商也纷纷向云计算转型，云计算技术和服务越来越成熟、越来越开放和标准化，逐渐在多领域广泛应用。

正是在这种新旧技术交替发展的过程中，金融业也在悄然发生改变，一些新兴金融机构迫于成本、人力的压力，直接使用云计算服务，有力支撑了业务快速增长。与此同时，一些传统金融机构为应对移动互联网时代下的金融业务发展需求，也在探索向云计算、分布式架构转型。

（二）金融云计算部署模式

根据使用云计算平台的客户范围的不同，云计算部署模式可以分为公共云、行业云（如金融云）、专有云和混合云。公共云指不限制客户范围的云计算平台。专有云指专为某个机构服务的云计算平台。混合云指前述几种部署模式的组合。金融云（属行业云）主要指仅限于为金融行业服务的云计算平台，包括金融机构自建的专有金融云、云服务商为金融业提供的公共金融云，以及上述两种模式组合的混合金融云。

（三）金融云计算服务模式

同其他领域的云计算服务模式一样，金融云计算服务模式也是由云服务商提供的资源类型来决定的，主要分为软件即服务（Software as a Service，SaaS）、平台即服务（Platform as a Service，PaaS）、基础设施即服务（Infrastructure as a Service，IaaS）三种模式。在 SaaS 模式下，云服务商向客户提供的是运行在云基础设施之上的应用软件，在 PaaS 模式下，云服务商向客户提供的是运行在云计算基础设施之上的软件开发和运行平台，在 IaaS 模式下，云服务商向客户提供虚拟计算机、存储、网络等计算资源，提供访问云计算基础设施的服务接口。

（四）金融机构应用云计算服务的好处

金融机构应用云计算服务，可获得如下四大益处。

一是减少开销和能耗。采用云计算服务可以将硬件和基础设施建设资金投入转变为按需支付服务费用，客户只对使用的资源付费，无须承担建设和维护基础设施的费用。云平台使用虚拟化、动态迁移和工作负载整合等技术提升运行资源的利用效率，通过关闭空闲资源组件等降低能耗。多租户共享机制，资源的集中共享可以满足多个客户不同时间段对资源的峰值要求，避免按峰值需求设计容量和性能而造成的资源浪费。资源利用效率的提高可以有效降低运营成本，减少能耗，实现绿色IT。

二是增加业务灵活性。对于使用公共云服务的客户，不需要建设专门的基础设施，缩短业务系统建设周期，使客户能专注于业务的功能和创新，提升业务响应速度和服务质量，实现业务系统的快速部署，对于部署专有云平台的企业，通过云服务供给方式和提高资源的交付效率，增加业务的灵活性。

三是提高业务系统可用性。云计算的资源优化和快速伸缩性特征，使部署在云平台上的客户业务系统可动态扩展，满足业务对IT资源的迅速扩充与释放，从而避免因需求突增而导致客户业务系统的异常中断。云平台的备份和多副本机制可提高业务系统的健壮性，避免数据丢失和业务中断。

四是提升团队专业性。云计算技术发展迅速，需要有专业技术团队及时更新或采用先进技术和设备，以提供更加专业的技术、管理和人员支撑，使用户能获得更加专业和先进的技术服务。通常只有公共云服务商或大型金融机构具备这些技术能力。

二、金融云计算发展情况

近年来，金融监管部门逐步明确对云计算的支持，公共云服务商进一步加大在金融领域的投入，越来越多的云服务商建设了专门为金融机构服务的金融云。同时，越来越多的金融机构开始考虑使用公共云服务或自建专有云平台，金融业的云计算市场在逐步扩大。

（一）金融业云计算部署模式

在使用云计算的金融机构中，多数机构选择使用金融行业云，以进一步提高安全可靠性，满足金融监管的要求。一些大型机构尝试使用专有云，以提高自身对云平台的可控性。一些互联网金融公司由于长期没有受到严格的监管而选择使用公共云。个别机构尝试混合云，在提高核心数据安全可控性的前提下通过混合云来达到资源弹性伸缩的目的，灵活应对"流量洪峰"。

（二）金融业云计算服务模式以 IaaS 为主，PaaS、SaaS 为辅

金融机构在采购云计算服务时，仍然以 IaaS 服务模式为主，实现资源虚拟

化。一些机构也在尝试使用 PaaS 服务，为网络金融相关的业务系统构建分布式和服务化系统架构，支撑弹性伸缩和敏捷 IT。一些云服务商还通过云市场的方式为金融机构提供第三方的 SaaS 服务。

(三) 金融业云计算服务的主要场景

保险业已有全面应用，银行业、证券业多在外围应用。

1. 保险业核心业务系统

由于中国保险监督管理委员会发布了明确支持云计算的指导文件，因此一些网络保险公司或新兴保险公司已把核心业务系统运行在了具有较高安全保护等级的云平台上。

2. 非核心系统

对于云计算，金融机构（尤其是银行业金融机构）多数还处于试水的阶段，尚未把核心业务系统和数据库部署到云平台上。大部分金融机构选择采用 X86 服务器搭建云计算平台，将原来承载在主机或小型机上的一些外围应用服务改造为集群化部署方式，使其不会因硬件故障导致系统运行中断，之后得以将改造后的应用服务迁移到云计算平台。而核心系统仍采用相对传统的部署方式。

3. 互联网业务接入的前置系统

近年来，由于电子商务等互联网相关业务的快速发展和爆发特性，金融机构内部 IT 系统越来越难以支撑相关业务。例如，"双 11"大促销，部分金融机构为了支撑"秒杀"类的业务，只能将部分业务压力进行转移，为缓冲系统压力，降低系统风险，金融机构开始将部分网络业务的前置系统转移到云计算平台上来抵抗峰值压力，才能更为从容地应对业务的峰值冲击。

4. 企业互联网网站系统

互联网网站由于技术相对简单、受众覆盖范围广、不涉及太多金融交易、需要高质量的互联网网络平台来提升用户体验，所以一些机构将企业的互联网网站部署在云计算平台。利用云计算平台高质量的网络环境和全方位的地理覆盖，能够为这些机构带来更好的用户体验，同时降低这些机构的互联网带宽需求，节约

IT 运行成本。

5. 证券业务行情系统

由于证券业务的行情系统只有公开信息，不涉及客户隐私，且对互联网资源要求很高，特别适合使用云计算方式来提供服务。一方面是云平台通常具有很高的带宽，另一方面使用云计算能满足行情淡季和旺季对资源弹性伸缩的需求。

6. 互联网金融服务系统

互联网金融系统包含微贷、消费金融等相关业务系统。对于互联网金融服务初创企业，由于其系统需要新建，没有历史技术包袱，通过云服务商提供的云服务，可以快速搭建业务系统，降低前期投入，并且天然的互联网业务特性适用于云计算相关技术。

7. 网络学习等辅助系统

企业的网络学习系统是企业内部员工的培训系统。要通过互联网进行访问，并不涉及金融业务，安全等级要求较低，但对用户和系统性能要求较高，因此部分金融机构将此类系统部署在云平台，不仅提高了系统管理灵活性，降低了运营成本，还大幅改善了用户体验。

8. 企业开发测试环境

一些金融机构（尤其是银行业金融机构）在应用云计算时，早期仅仅把云计算系统用于开发测试环境，进行应用系统的开发和测试，通过云计算平台的搭建，这些机构的 IT 部门开始逐步体会到云计算平台实现 IT 资源服务化带来的好处，能够大幅降低系统环境准备的时间和应用上线周期，使得整个开发测试过程更为敏捷。

（四）金融云计算多层次发展方向

云计算将促进金融信息技术和数据资源的充分利用，并推动金融服务的持续创新，金融行业云计算服务下一步的重要发展方向是实施架构转型，提升资源效率，推进业务创新，提升用户体验，增强安全防控。其整体发展将包含三个层次。

第一个层次是金融机构实施架构转型，并完成开发测试及运行环境、金融服务场景、金融应用的云化。

第二个层次是形成金融机构的开放服务平台，金融机构要有策略、有计划、有针对性、安全合规地对金融服务进行开放。通过金融机构自身的信用认证、接口等公共服务应用程序接口（API），第三方合作伙伴 API 的开放和融合，将金融服务结合或植入合作伙伴所提供的服务场景中，形成多种创新的金融 SaaS 服务，提升金融机构业务创新、数据分析、安全防控的能力。

第三个层次是形成金融机构间共建共享的云生态。通过金融机构间、互联网企业、云服务商、第三方金融软件应用提供商的合作，实现服务资源集中共享，建立灵活高效的金融应用市场。通过金融机构服务能力的输出和外部服务能力的引入，实现合作共赢，形成有利于各参与方的生态化体系。

多个金融机构尤其是中小型金融机构可以采用"合作建立、共同经营"的机制建立联盟云（行业云联盟）。一方面，在提升自身机构的云化开发，升级、部署、管理、创新效率的同时切实降低成本；另一方面，利用基于联盟云的生态体系，既聚合机构间力量，又能够根据自身特点获取所需外部资源，形成差异化竞争优势。

（五）云计算的典型应用

1. 业务背景

近年来互联网金融行业飞速发展，对 IT 平台的快速构建、高并发访问、风险控制和安全防护提出了非常高的要求，传统的金融 IT 系统已经很难满足互联网金融的快速发展，必须通过互联网技术和云计算架构来满足要求。

2. 部署架构描述

互联网金融系统的技术架构，需要能支持高并发的用户访问，需要采用去中心化的企业级分布式应用服务（EDAS）集群架构，结合分布式关系型数据库服务（DRDS）及分库分表策略，以彻底解决架构中的单点和热点问题，实现全链路监控，并根据用户流量动态扩容和高峰限流，同时实现以下方面：①根据系统特点，采用同城容灾架构。②前端接入高防集群，提供海量的抗攻击能力。③通过 EDAS 和 DRDS 实现应用和数据库层的弹性扩展，随时应对更大、更具偶发性的业务压力。④关系型数据库服务（RDS）、消息通知服务和键值存储服务等更多服务化的云产品，让业务构建更简单、更快速、更稳定。

三、金融云计算发展展望

云计算从原来的一种可能性变成了必然的趋势，各机构将不再讨论是否应该使用云计算，而是应该如何用好云计算技术。

（一）金融机构将进一步扩大云计算技术的应用范围

随着监管部门态度的逐渐清晰，金融机构将更加放心地使用云计算来构建新型 IT 系统，主动探索利用云计算技术实现架构转型，逐渐从辅助系统、外围系统扩大到关键系统甚至核心系统。

（二）公共云服务商将继续加大投入

随着金融业云计算市场的逐渐升温，云服务商在未来必将加大在金融业的投入，IaaS 服务竞争将逐渐白热化，PaaS 服务的竞争将逐步开始，部分企业还将开始提供 SaaS 服务。

（三）云计算领域新技术将继续演化

由于研发运维体化逐渐深入人心，容器技术将成为热门并快速普及，它能带来快速部署和持续交付的能力。虽然容器技术在隔离性和成熟度方面仍不完善，但已经成为云计算技术领域未来的发展趋势，微服务和分布式技术架构将逐渐成为未来应用架构发展的趋势。同时，亚马逊推出的无状态事件驱动计算服务展现了无状态计算的潜力，以及对未来云计算发展方向的影响。

第三节　区块链技术

一、区块链概述

区块链的实质是由多方参与共同维护一个持续增长的分布式账本，其核心在于通过分布式网络、时序不可篡改的密码学账本及分布式共识机制，建立彼此之间的信任关系，利用由自动化脚本代码组成智能合约来编程和操作数据，最终实现由信息互联向价值互联进化。

区块链技术作为创造信任的机器，主要有以下特点。

（一）去中心化

区块链构建在分布式网络基础上，网络中没有中心化的物理节点和管理机构，网络功能的维护依赖于网络中所有具有维护功能的节点完成，各个节点的地位是平等的，一个节点甚至几个节点损坏不会影响整个系统运作。

（二）建立中介信任

区块链采用基于协商一致的规范和协议，通过数学原理和公开透明的算法，使得整个系统中的所有节点能够在去信任的环境中自由安全的交换数据，实现交易双方在不需要借助第三方权威机构（如中央银行等）信用背书下通过达成共识建立信任关系。

（三）公开透明

区块链作为共享账本，除了交易各方的私有信息被加密外，区块链的数据对所有人公开，所有参与者看到的是同一账本，能看到这个账本所发生和记录的每一笔交易，能查询、验证区块链上的数据记录。

（四）时序且不可篡改

区块链采用带有时间戳的链式区块结构存储数据，具有极强的可追溯性和可验证性。系统中每一个节点都拥有最新的完整数据库复制，一旦信息经过验证添加到区块链上，就会永久存储。

二、区块链系统的运作

其基本思想是：通过建立一组互联网上的公共账本，由网络中所有的用户共同在账本上记账与核账，来保证信息的真实性和不可篡改性。而之所以名字叫作"区块"链，顾名思义，是因为区块链存储数据的结构是由网络上一个个"存储区块"组成一根链条，每个区块中包含了一定时间内网络中全部的信息交流数据。随着时间推移，这条链会不断增长。

三、区块链对金融业的影响和作用

区块链之所以引起金融界的一致关注，在于它改变金融的巨大潜力，有可能给金融业带来新机遇、新挑战。

（一）区块链技术使中央银行发行法定数字货币成为可能

各国央行均认识到数字货币能够替代实物现金，降低传统纸币发行、流通的成本，提高支付结算的便利性；并增加经济交易透明度，提升央行对货币供给和货币流通的控制力；同时，通过发展数字货币背后的区块链技术应用，扩展到整个金融业及其他领域，确保资金和信息的安全，提升社会整体效能。

（二）区块链技术具有提升金融机构协同服务能力的潜力

银团贷款、供应链金融、贸易融资等业务可能涉及不同国家的多家金融机构、多家企业，需要相互之间较长时间的协调，业务办理过程也较为复杂，通过区块链的平台，不但可以减少中转费用，还因为区块链安全、透明、低风险的特性，提高了资金的安全性，以及加快结算与清算速度，大大提高资金利用率，区块链技术具有提升不同金融机构间开展业务的自动化程度、简化协同流程、加快协同效率的潜力。

(三) 区块链技术具有降低金融运营成本的潜力

金融机构各个业务系统与后台工作，往往面临长流程多环节。资金转移要通过第三方机构，这使得跨境交易、货币汇率、内部核算等时间花费的成本过高，并给资本带来了风险。区块链技术能够优化金融机构业务流程，减少前台和后台交互，节省大量的人力和物力，有望降低金融运营成本。

(四) 区块链技术具有改善业务审计系统的潜力

当前在业务审计过程中，需要花费大量人力、物力去核查被审单位资金余额及交易合同或资金等数据的真实性。区块链的技术特点使得所有交易数据都公开透明、不可篡改地记录在区块中，任何交易数据都可以被查询和追溯，从而提高审计效率，降低审计成本，提升审计结果的可靠性。

(五) 区块链技术将有助于金融监管及合规性检查

区块链技术的公开透明、时序不可篡改等特性可以帮助金融监管机构监控每一笔资金的流入流出，从而有助于管控金融资产，防范金融市场中的系统性风险。区块链的技术特性也可以改变现有的征信体系，比如在银行进行"认识你的客户"（KYC）时，将不良记录客户的数据储存在区块链中。通过区块链的智能合约技术可自动验证交易和用户合规性，提高合规性检查效率，降低合规性检查成本及出错概率。

四、区块链技术在互联网金融行业的应用与发展

(一) 数字货币

区块链的技术特性为数字货币发行可能性提供一种可选的底层技术支撑。区块链技术是一项可选的技术，银行部署了重要力量研究探讨区块链应用技术，但

是到目前为止区块链占用资源还是太多，应对不了现在的交易规模，未来能不能解决，还要看看再说。

（二）数字票据

目前票据业务主要存在三方面问题：一是票据的真实性，市场中存在假票、克隆票、刑事票等伪造假冒票据；二是划款的即时性，即票据到期后承兑人未及时将相关款项划入持票人账户；三是违规交易，即票据交易主体或者中介机构，存在一票多卖、清单交易、过桥销规模、出租账户等违规行为。

区块链技术的特性能够消除票据市场的中介乱象，通过智能合约编程的方式提高票据交易的效率，降低监管成本。

（三）跨境支付

当前，跨境支付清算部需要借助第三方中介，经过开户行、中央银行、境外银行等多道程序。由于每一机构都有自己的账簿系统且互相隔离，彼此之间需要建代理关系、在不同系统进行记录、与交易对手进行对账和清算等，可能导致一笔汇款需要2~3天才能到账，在途资金占用量极大，而且需要支付大量的手续费。成本和效率成为跨境支付汇款的瓶颈所在。

区块链技术可以摒弃第三方中介的角色，实现点到点快速且成本低廉的跨境支付。不但可以全天候支付、实时到账、提现简便及没有隐性成本，也有助于降低跨境电商资金风险及满足跨境电商对支付清算服务的及时性、便捷性需求。

（四）数字资产

传统的资产服务如资产所有者证明、真实性公证等，均需要第三方的介入才可以完成。

只有通过资产发行方、资产接收方、流通平台的三方介入，资产才可以完成整个流通过程。当前资产流通渠道有限，导致资产服务流通成本增加。此外，当资产进入流通后，需要依赖资产发行方完成使用和转移，从而限制了资产流通只能在发行方系统用户群内。

基于区块链技术能提高数字资产流通效率，降低流通成本，扩大流通范围，资产发行方均可在区块链上登记、发行任何可数字化的资产。一旦数字资产进入区块链流通，便不再依赖于资产发行方，扩大了流通范围。流通渠道由原来的中心控制变为分布式流通，降低了流通成本。区块链的交易即结算功能使得实时清算成为可能，大幅提高数字资产流通效率。

（五）金融交易

目前，证券的登记、清算和结算涉及中央结算机构、银行、第三方支付平台、证券和交易所等多个机构，交易过程需要层层中介传递以及权威机构公证，效率低、成本高，限制了市场的整体发展。合作行无须进行额外系统开发工作。该系统的数据在生产区加密上链，在生产区解密查看，链上数据的传输和存储全部加密。上链数据亦不包含用户和合作行相关信息，仅有完成对账功能所需的最小数据元素（交易流水号、交易发生时间、交易金额、交易标示）。目前，微众区块链节点部署在腾讯云上，合作行节点可以选择部署在腾讯云，也可以部署在行内机房，由合作行自主评估。此外，通过智能合约的使用还可实现实时流水对账、准实时发现对账差异、实时计算合作行备付金账户、当日发生额与当日余额等功能。

（六）融资众筹

区块链技术在股权登记管理、股权转让流通、智能合约等方面为融资众筹带来了深刻的变化。使用数字货币进行众筹，采用区块链协议发起和管理众筹项目，费率低、易流通、透明、稳定、可审计，智能合约还可以保证未达到预定目标时资金自动退回。

追踪股权交易历史，促进股权的交易和流转，保障私人股权交易转让的参与方公开、透明、共建、共享、共监督；通过将智能合约与数字股权凭证绑定，创建出一种智能股权形态，替代线下纸质协议和中介机构；同时，易于扩展支持股权交易的合规性，利于监管部门监督、审计，提高股权管理效率。

（七）供应链金融

区块链技术开放性、多方确认、账户透明、真实验证、不可篡改等特性，成为突破瓶颈的最佳选择，在供应链溯源方面，区块链可以实现从原材料生产、采购到商品的加工、包装、运输、销售，真实信息分布式记录、删改可查、包装数据源真实有效可追踪查验。在供应链金融数字化方面，区块链将能大幅减少人工的介入，将目前通过纸质作业的程序数字化、透明化，极大地提高效率及减少人工交易可能造成的失误。

（八）互助保险

区块链能够实现对新兴保险业务模式的革新，增强保险市场对风险的记录能力、透明度、识别准确度和反应速度。劳合社保险市场、安联保险、阳光保险等众多保险公司纷纷启动区块链应用计划。区块链技术可以实现真正的众筹保险模式，基于智能合约建立按需定制的保险合约，将代替传统的保单协议，使管理过程更简单、更自动化、更透明、成本更低；使合约执行速度更快；同时保险公司的角色也将逐渐变为专业咨询和互惠机制管理，而不是直接承担风险。

❖ 第四节　移动互联网技术

一、移动互联网金融概述

移动互联网金融是传统金融行业与移动互联网相结合的新兴领域。近年来，移动互联网发展迅猛，伴之而来的是金融行业各种模式的创新也层出不穷，移动互联网金融（即"互联网+"移动终端应用于金融行业）应运而生，并且得到快速发展。随着大数据、云计算、社交网络等新一代互联网技术的迅速崛起，移动互联网金融涌现出更多的新模式、新产品和新公司，不难想象，移动互联网金融的未来前景将会更加乐观。

（一）移动互联网

20世纪出现并且广泛普及的互联网让人们的学习、工作以及生活方式、思维理念受到越来越深刻的冲击和改变，人们也因此充分享受到社会进步和科技发达带来的各种方便和快捷。但是，随着宽带无线接入技术和移动终端技术的不断发展，人们越来越不满足于静态固定方式，更希望随时随地甚至在移动过程中随时从互联网获取信息和服务，移动互联网在这种背景下脱颖而出。移动互联网是一种采用移动无线通信方式，通过智能移动终端获取业务和服务的新兴业务模式。移动互联网包含终端（包括平板计算机、智能手机、电了书等）、软件（包括操作系统、数据库、中间件和安全软件等）和应用（包括工具媒体类、休闲娱乐类和商务财经类等不同应用与服务）三个层面。

（二）互联网金融新模式

互联网金融是实现资金融通的新兴服务模式，它是以依托于互联网的云计算、社交网络以及搜索引擎等工具，实现资金支付、融通和信息中介等业务的一种新兴金融，作为内生性金融创新模式，互联网金融是为适应新的需求而产生的新模式及新业务，它利用互联网技术与通信技术等现代信息技术手段，通过与传统金融业务互相渗透、互相融合，实现共融性发展。目前，互联网金融的创新主要集中在理财领域，随着余额宝等参与者的不断增多，互联网金融的优势更加凸显，它降低了理财门槛，减少了金融交易成本，撬动了投资理财、电商消费等大众化领域，提升了新的消费层次，塑造了新的商业模式，打造了新的金融服务格局。

（三）移动互联网金融

移动互联网金融是传统金融行业与移动互联网相结合的新兴领域。移动互联网金融以平板计算机、智能手机和无线POS机等各类移动设备为媒介工具，实现资金支付、股票交易、基金买卖、购买保险等业务的新兴金融模式。从广义上来说，移动互联网金融从属于互联网金融，但从实际效果来看优于互联网金融，因为移动互联网金融和互联网金融虽然都是基于互联网平台，但是有线互联网是人随网走，网线在哪儿，就只能到哪儿上网，而移动互联网是网随人动，人在哪儿，网络就到哪儿，就能够在哪儿上网。移动终端的高度便携性让移动互联网金融具备更多的优越性，并且使之成为传统金融机构与互联网企业等多方市场主体为了在移动互联时代生存和发展需要竞相抢夺的"制高点"。

二、移动互联网对金融服务的影响

（一）操作更便捷

随着智能手机、平板计算机的使用越来越便捷、应用越来越广泛，用户可以因为它们的操作简单、随时上网、携带方便的优点，更好地享受互联网提供的金融服务。当前，只要通过在手机等移动终端上按键就能及时、快捷地实现资金转账、支付以及证券交易等金融功能，并且，时下移动网络具有的推送功能，更能让广大客户在较短的时间内获得自己想要的金融信息，当用户看到某个喜爱的商品，借助手上的移动设备就能够很快识别商品的基本属性、价格情况以及购买渠道，客户只需借助移动终端按几个键就能购买并完成所有金融服务流程。

（二）参与度更高

移动互联网使众多用户能够直接参与金融生产。以用户购买商业银行理财产品为例，在传统的银行服务 B2C（这里 B 指商业银行，C 指手机用户）模式下，只有银行发行标准化的产品后，用户再进行选择和购买与自己最接近的需求产品。但在移动互联网金融时代，商业银行可以基于大数据分析，有针对性地邀请用户主动提出需求，比如金融产品的期限、金额以及风险偏好等，当具有同类需求的用户达到一定数域时，商业银行可以根据客户需求来发行相应产品，从而实现商业银行与客户的价值共创。

（三）中间成本更低

传统线下的 POS 刷卡器的硬件成本不低，交易还受场地固定的约束，而作为硬件终端的手机，不但更便宜，而且使用更方便。移动互联网使得品牌商与移动用户更容易建立长期联系，方便买卖双方直接交流沟通，使得品牌商与移动用户之间制定游戏规则，加快摆脱中介平台和加速商业民主化进程，直到彻底抛弃中介平台。因此，移动互联网金融让股票、期货、黄金等金融产品的交易可以变得随时随地进行，让品牌商与移动用户对中介平台逐渐摒弃，不但减少了中间环节，而且提高了效率，大大地降低交易成本。

（四）协作性更好

移动互联网金融融合了通信、IT、信息和金融等多个行业。比如：通过移动终端，实现水、电和煤气等费用缴纳的移动支付，实现股票类交易的移动证券，实现购物消费的移动电子商务，实现行内或者不同账户间的移动转账等，这些业务都需要以银联为代表的金融机构、通信运营商、信息网络安全企业和掌握移动互联网入口的巨联网公司等多个参与方的合作，在共生互赢的模式和机制上，为了彼此的利益和发展，势必培育和建立各行各业更为紧密的协作和配合关系。

（五）透明度更强

移动互联网金融将过去固化的生活方式转变成移动化，将传统的金融经营和管理模式变得更加开放透明。在移动互联网，有些用户愿意在一些群体里暴露自己的行踪和经历，比如在微理财上获得一笔授信，会主动将体验过程与人分享，这就提高了自己的透明度，增强了朋友对自己的信任度，提升了自己的个人信用，从而获得金融行业的更高授信；并且，移动互联网用户通过移动终端能够实时地了解到通过哪家银行的信用卡能够享受优惠，能否申请消费贷款等金融信息，这将会促进各种金融信息变得透明和公开。

三、移动互联网技术架构

移动互联网的出现带来了移动网和互联网融合发展的新时代，移动网和互联网的融合也会是在应用、网络和终端多层面的融合。为了能满足移动互联网的特点和业务模式需求，在移动互联网技术架构中要具有接入控制、内容适配、业务管控、资源调度、终端适配等功能，构建这样的架构需要从终端技术、承载网络技术、业务网络技术各方面综合考虑。

（一）业务应用层

提供给移动终端的互联网应用，这些应用中包括典型的互联网应用，比如网页浏览、在线视频、内容共享与下载、电子邮件等，也包括基于移动网络特有的应用，如定位服务、移动业务搜索以及移动通信业务，比如短信、彩信、铃音等。

（二）移动终端模块

从上至下包括终端软件架构和终端硬件架构。

终端软件架构：包括应用 APP、用户 UI、支持底层硬件的驱动、存储和多线程内核等。

终端硬件架构：包括终端中实现各种功能的部件。

（三）网络与业务模块

从上至下包括业务应用平台和公用接入网络。

业务应用平台：包括业务模块、管理与计费系统、安全评估系统等。公共接入网络：包括接入网络、承载网络和核心网络等。

从移动互联网中端到端的应用角度出发，移动互联网的业务模型可分为五层。

移动终端：支持实现用户 UI、接入互联网，实现业务互操作。终端具有智能化和较强的处理能力，可以在应用平台和终端上进行更多的业务逻辑处理，尽量减少空中接口的数据信息传递压力。

移动网络：包括各种将移动终端接入无线核心网的设施，比如无线路由器、交换机、BSC、MSC 等。

网络接入：网络接入网关提供移动网络中的业务执行环境，识别上下行的业务信息、服务质量要求等，并可基于这些信息提供按业务、内容区分的资源控制和计费策略。网络接入网关根据业务的签约信息,动态进行网络资源调度,最大程度地满足业务的QoS（Quality of Service）要求。

业务接入：业务接入网关向第三方应用开放移动网络能力API和业务生成环境,使互联网应用可以方便地调用移动网络开放的能力,提供具有移动网络特点的应用。同时,实现对业务接入移动网络的认证,实现对互联网内容的整合和适配,使内容更适合移动终端对其的识别和展示。

移动网络应用：提供各类移动通信、互联网以及移动互联网特有的服务。

四、移动互联网金融发展前景

（一）移动支付设备和平台的创新发展奠定了坚实基础

通过可穿戴移动设备的推出和应用,支付方式将更具多样化和便捷化,如声波支付、虹膜识别等先进技术将使金融变得无处不在,金融和个人之间的关系也将是如影随形。

（二）新产品和服务的探索应用注入了持续动力

信息技术以及移动互联网的飞速发展,让越来越多的企业、创业者进入移动互联网金融领域,伴生了更多产品和服务的创新推出。随着微信的普及,微信银行、微信理财、微信支付深受广大用户欢迎；社交化是移动互联网的重要特征,不但营销费用低,而且效果很好,各种金融产品和服务的不断创新,打破了传统金融格局的垄断局面,同时,也为移动互联网金融的发展注入了生机和活力。

❖ 第五节　物联网技术

传感器采集信息、通信传输、中心进行处理的架构是传统智能化的测控系统,而物联网是以实体世界的感知互动为目的的,以社会属性体系架构为核心的全新综合信息系统,如果把传感器比作人的鼻子、眼睛、耳朵的话,神经是传输系统，大脑就是指控中心，传统的测控系统是把系统比作一个人，物联网则是由这些"人"组成的团队、社会，"他们"有协同、有分工、有组织地去完成实体世界的感知互动。测控系统能完成人为的一些简单的测控场合，比如工业自动化，只有物联网的社会属性架构的高自适应的体系，才能满足纷繁复杂的实体世界的感知互动的要求。

物联网是信息技术发展第三次产业浪潮的推动者。以 PC 为代表的信息处理推动信息产业进入第一次产业浪潮——智能化时代；移动通信、互联网为代表的信息处理推动信息产业进入第三次产业浪潮——社会化时代。

物联网面向实体世界，对实体世界进行追踪历史、把控现在、预测未来，产业的本身。比如，物联网让传统智能安防监控从事后追踪变革为事前预警；让传统智能交通的红绿灯控制车流量变革成车流量控制红绿灯；让传统基于 RFID、条码、信息化被动管理变革成主动无遗漏环节监管等。物联网对传统产业的变革将远远超过互联网的影响。

物联网面向实体世界，改变的是实体企业本身，物联网对传统产业的变革将远远超过互联网的影响，那么物联网对互联网金融的影响也将是广泛和深远的。物联网以其全新的架构体系，正在催生一种全新的金融模式物联网金融。

一、物联网概念

物联网通过传感器、射频识别技术、全球定位系统等技术，实时采集任何需要监控、连接、互动的物体或优化过程，采集其声、光、热、电、力学、化学、生物、位置等各种需要的信息，通过各类型的网络接入、实现物与物、物与人的链接，实现对物品和过程的智能化感知、识别和管理。在这个网络中，物品彼此进行"交流"，实现自动识别和信息的互联共享。

从技术的角度来说，物联网技术主要有四个层面。第一层是设备层，就是"物"的层面。此层面包含传感器、网关、终端硬件等。物联网的数据在这个层面从各种设备中被感知和产生。第二层是网络层。各种物理设备，通过各种方式进行组网，形成了物联网的初级形态。第三层是数据采集和分析层。数据在第三层中被集中采集到一个计算中心，通常是云计算平台，进行数据整理和计算而得到有用的分析结果，可以说第三层是物联网的灵魂。第四层是分析结果的展现和应用。这一层完成物联网结果的反馈和与其他系统的对接，给生产、生活带来实质帮助。以上四个层面组成了在各行各业实现物联网方案的基本技术框架。

物联网作为继计算机、互联网后信息产业革命的第三次浪潮，早已应用到社会生产经营的方方面面，更是对社会经济中枢的金融行业也将产生深远影响。金融物联网是指物联网技术在金融行业的全部应用。从一项或一组物联网技术对金融企业的内部管理支持和流程优化。到完整的物联网商业应用场景与金融企业具体业务的结合，再到多维度、全链条的智慧网络建设及数据应用推动的金融模式变革与创新，物联网技术在金融领域的应用不断深化，相关产业也呈现出强劲的发展势头。

金融机构利用以物联网为核心的信息技术，进行金融信用、杠杆，风险和服务的创新，从而将深刻变革银行、证券、保险、租赁、投资等众多金融领域的原有业务模式。

其中，物联网技术之于金融信用体系的创新，在于金融机构在物联网技术支撑下，重构其与监管部门、非金融企业、服务对象等相关参与者之间的新型信用体系；物联网技术之于金融资本杠杆的创新，在于金融机构通过构建物联网技术应用场景来引导更多的参与者投入实体经济，推动单一的金融资本杠杆向多样性的资本、技术等资源组合杠杆的转变；物联网技术之于金融风险管理的创新，在于金融机构，通过共享实体经济的物联网数据信息，实现智能客观的风险定价；物联网技术之于金融产品服务的创新，在于金融机构利用物联网技术实时地获取客观的市场需求，进而动态地调整金融服务，推动被动的融资服务向主动的融资融智服务转变。

金融物联网包含了物联网技术、金融服务以及实体经济的生产运营场景等基本要素，其中金融和物联网技术是金融物联网的两个核心要素，相辅相成，互为支持；而实体经济的生产运营场景则是金融物联网的现实载体，金融服务与物联网技术将在其中作为基础要素融入实体经济的商品或服务中。金融物联网构成的新型生产关系，因其高度的开放、协作以及全面地去中介化，使得有用、跨期价值交易的成本无限下降，产品服务边际成本趋近于零，业态边界也将趋于无穷大，可以扩张到所有的社会生活、生产和运营中，囊括所有的商业和非商业参与者。

二、物联网对金融的影响和作用

物联网和金融相互影响、渗透并不断进行跨界融合已经成为必然趋势。物联网对金融的最大价值是提供了对客户和交易进行客观观察的手段，金融机构可以利用物联网技术和信息通信技术，提高自己的风险识别和控制能力，并推动金融产品和服务创新，提供新型的支付、资金融通、投资、资产管理及信息中介等各种金融服务，扩大金融服务的广度和深度。

（一）有效解决交易信息不对称问题

随着物联网技术的突飞猛进，世界本身正在成为一种信息系统。物联网提供物与物、物与人的交互信息，通过对海量数据信息的存储、挖掘和深入分析，金融机构随时随地掌握"人"和"物"的形态、位置、空间、价值转换等信息，并且充分有效地交换和共享，从而有效克服信息不对称问题，为大到服务战略、小到业务决策提供全面、客观的依据。以汽车保险市场为例，由于保险人和投保人之间信息不对称，骗保时有发生。如果保险公司在投保车辆上安装物联网终端，对驾驶行为综合评判，则可以根据驾驶习惯的好坏确定保费水平。出现事故时，物联网终端实现远程勘查，实时告知保险公司肇事车辆的行为。保险员不到现场即可知道车辆是交通事故还是故意所为，不但解决了骗保问题，还可以快速赔付、提升赔付效率。

（二）促进信用体系更加客观化

物联网数据是通过底层传感器采集的实实在在的客观数据，它克服了互联网数据存在的社交数据多、交易数据少、采集方法主观因素多等问题。借助物联网技术，金融机构对于客户前端信息的主观调查被传感器实时采集的客观数据所代替，从而获得更加真实有效的数据。

以这些数据为基础的风控模式将从滞后的、基于主观的信用评价进化为实时的、基于客观数据的信用评价。此外,物联网还将促进信息化和维度大大提升,能够更加全面地反映企业和个人的自然属性和行为属性,提高信用体系的可常性。物联网对金融的革命性影响在于信用体系的夯实,未来甚至可能重塑社会信用体系。

(三) 优化金融资源配置

物联网技术的进步将大大改善信息不对称,使金融机构能够以更加精细、动态的方式对信息流、物流和资金流进行"可视化管理",在此基础上进行智能化决策和控制,合理引导资金流向和流量,促进资本集中并向高效率部门转移,从而达到优化资源配置的目的。

融合了物联网技术的金融服务,全过程电子化、网络化、实时化和自动化,能大大降低运营管理成本。此外,得益于"物联网+大数据+预测性算法+自动化系统",采集信息的边际成本近乎为零,服务长尾客户再无边界限制,金融服务将可以惠及更广泛的企业和人群。

(四) 促进智慧金融的发展

智慧金融表现为金融机构可向客户提供与其日常生活内容紧密相关的洞察、建议、产品或服务,真正交付定制化体验。以金融支付为例,随着移动通信、互联网和近场通信技术的融合发展,利用指纹、虹膜、掌纹、掌静脉、声纹等进行个人身份鉴定的生物识别技术日趋成熟,传统密码支付将逐步被识别支付替代。物联网技术在支付中应用后,会感知消费者的周边环境和自身的状态,以确保支付者的资金安全、人身安全,还可通过透彻感知,将支付行为与企业运营状态、个人健康、家庭情况的动态变化相关联,这意味着,无论是面对个人或企业,金融机构不仅可以预测客户的需求,还能够根据客户不断变化的情况做出积极响应,及时提供相关的解决方案,助力客户实现目标,带来全新的智慧式金融体验。

三、金融物联网发展情况

随着信息化发展的推进,物联网产业进入飞速发展阶段,金融物联网应用方案逐步丰富，相应金融业务模式渐成体系。物联网技术与金融的结合，涉及银行、保险、融资租赁等多个业务方向，既有对这些机构内部运营管理的提升，也有金融模式的创新。

（一）物联网技术在金融企业内部运营管理的应用

目前，物联网在金融企业运营管理方面的应用从功能上主要可以分为两个维度。

1. 提高企业内部管理能力

物联网感知设备能够实时不间断地对物体状态信息进行反馈，对金融企业的安全防卫、突发事件反应、提升内部运营效率等提供了很好的帮助。例如，航大信息提供的 RFID 银行运钞箱管理系统采用远距离射频感应技术，通过安装在运钞箱的电子标签与安装在金库的读写器之间的射频通信，记录和管理运钞箱出入金库的业务流程，通过网点的手持便携设备，记录和管理各个营业网点的运钞箱，实现了银行运钞箱在金库与营业网点间的自动化管理，提高了银行运钞箱管理效率与安全性，提升了银行的综合竞争力。

2. 提升服务质量和客户体验

物联网信息的传送是建立在物与物之间，减少了人为的影响，对保障金融信息传输安全有很好的效果，例如，集成电路卡（IC 卡）、移动支付的兴起以及指纹、虹膜支付的逐步应用都是物联网技术在金融支付安全领域的应用体现。物联网不但保障信息传输的安全，还可以利用感知设备收集的真实数据集，延伸出更多的、特色化的应用形式，极大地提升金融企业的客户体验。例如，远程开卡机通过摄像等读取设备提高了客户开卡的效率；微软研发的金融产品信息桌通过物联网技术可以智能地向客户展示金融产品信息及提供更多金融服务资讯，客户甚至可以在信息桌上完成金融产品或服务的购买。

（二）物联网技术与供应链金融业务的结合

物联网技术在帮助不同产业优化升级的过程中，发展出来的管理功能和数据信息可以帮助金融企业优化风险管理、简化业务操作流程，并推动产品创新。

RFID、智能视频、工业二维码等物联网技术能够对商品流转、仓储进行实时的识别、定位、跟踪、监控等系统化、智能化管理，使得金融机构能够从时间、空间两个维度全面感知和监控动产的存续状态和变化过程，有效地提升了供应链金融业务风险管理和操作效率。

1. 物联网在汽车供应链金融中的应用

在"车厂—供应商"供应链融资环节，引入了物联网传感系统和智能监管系统，开创了物联网技术下"智能监管库存融资"模式，实现了技术监管对人工现场监管的优化升级、银行信贷业务模式的重塑和优化，极大地降低了人力成本和道德风险，并为银行风险管理提供了强劲的大数据支撑。

2. 大宗商品动产融资

银行与大型港口、公共仓库等仓储物流企业建立战略合作，采用智能仓储监管方案，对钢铁、有色、石油、化工等大宗商品仓库进行物联网改造升级，实现对动产融资业务项下抵质押物的实时动态监管，赋予动产以不动产的属性，囊括静态仓储和动态物流中的大宗商品，真正激活交易商品的金融属性。

3. 交易见证及配套金融服务

伴随商品交易线上化的全面普及，贸易真实性问题成为限制交易配套金融服务发展的主要因素。电子交易平台、仓储物流企业、金融机构等应用物联网技术将线上信息化交易过程与线下商品实物的交割连接在一起，使得商品交易、实物交割与金融机构的资金监管、支付清算等服务匹配，达到交易信息流、物流和资金流的统一。

4. 仓单认证、交易及配套金融服务

仓单的交易及融资由于近年来的虚假仓单、重复质押及监管过失等问题陷入了发展困境，频发的风险事件影响行业信用体系的同时，也影响了商品交易的活跃度，交易市场、交割仓库、期货公司及银行等应用物联网技术将大宗商品实物与电子仓单绑定，使得仓单信息能根据实物的物理变动、权属变化等进行实时调整，并用套期保值交易锁定仓单价值，进而实现大宗商品实物交易及融资的单证化和线上化。

第三章　互联网金融创新发展

✤ 第一节　互联网金融的新兴业态

在"互联网+"的趋势下，银行、证券、保险、基金等传统金融机构纷纷推出互联网金融服务，出现了互联网银行、互联网证券、互联网保险、互联网基金等新兴业态，一方面丰富了互联网金融模式，另一方面传统金融服务得以转型升级和普惠推广。

一、互联网银行

互联网银行是指借助现代数字通信、互联网、移动通信及物联网技术，通过云计算、大数据等方式在线实现为客户提供存款、贷款、支付、结算、汇转、电子票证、电子信用、账户管理、货币互换、投资理财、金融信息等全方位无缝、快捷、安全和高效的互联网金融服务机构。

（一）互联网银行的概念

互联网银行是对传统银行颠覆性的变革，是未来金融格局的再造者，通俗来说，即把传统银行完全搬到互联网上，实现银行的所有业务操作。互联网银行有以下几个特点。

①互联网银行无须分行，服务全球，业务完全在网上开展，这是与传统银行之间最明显的区别。

②拥有一个非常强大安全的平台，保证所有操作在线完成，使客户足不出户，流程简单，服务方便、快捷、高效、可靠，真正的 7×24 小时服务，永不间断。

③通过互联网技术，取消物理网点和降低人力资源等成本，与传统银行相

比，具有极强的竞争优势。

④以客户体验为中心，用互联网精神做金融服务，共享、透明、开放、全球互联，是未来银行的必然发展方向。

（二）互联网银行的经营模式

1. 网上银行

网上银行又称电子银行，是指银行利用网络技术，在线向客户提供查询、对账、转账（行内、跨行）、信贷、投资理财、信用卡等服务，使客户足不出户就能够安全、便捷地管理账户、办理金融业务。一般情况下，只有客户有了银行的账户以后，才能开通和使用网上银行。网上银行根据使用权限有大众版和专业版之分，大众版可进行查询、购买理财等；专业版需使用 usbkey 等密钥认证，可进行转账、权限设置等所有操作。

随着科技产品的普及和应用，商业银行还纷纷推出针对智能手机的手机银行、微信银行、Pad 银行等。但这些只是应用载体由计算机变成智能手机、iPad 而已，本质上还是对客户提供在线金融服务。

2. 电话银行

电话银行通过电话这种现代化的通信工具把用户与银行紧密相连，使用户不必去银行，无论何时何地，只要拨通电话银行的电话号码，就能够获得电话银行提供的服务。其实，在互联网没有普及的时候，电话银行已经诞生。

目前电话银行的使用率远不及网上银行等形式，主要提供交易查询、信息查询、挂失业务以及人工服务等，特别多地应用于信用卡业务中。

3. 直销银行

直销银行是互联网时代应运而生的一种新型银行运作模式，是互联网金融科技环境下的一种新型金融产物。在这一经营模式下，银行没有营业网点，不发放实体银行卡，客户主要通过计算机、电子邮件、手机、电话等远程渠道获取银行产品和服务。

直销银行诞生于 20 世纪 90 年代末北美及欧洲等经济发达国家，因其业务拓展不以实体网点和物理柜台为基础，具有机构少、人员精、成本低等显著特点，因此能够为顾客提供比传统银行更便捷、优惠的金融服务。

结合直销银行的定位与经营方式，直销银行的目标客户群重点关注互联网客户，精准定位其"新潮、快节奏、追求精致生活"的特点，一般在直销银行上主推余额理财（宝类）产品、小额信贷产品、投资理财产品，以及提供操作便捷的网站、手机银行和微信银行等多渠道互联网金融服务。

直销银行与网上银行最大的区别在于，直销银行客户无须事先拥有该行账户，也无须拥有实体银行卡，只需通过人脸识别等技术即可实现，甚至不用去一趟银行实体网点。

二、互联网证券

传统的证券发展模式主要依赖证券经纪、自营、承销保荐等传统业务，尤其是依赖通道收取佣金的经纪业务，业务品种单一，盈利模式单一，同质化程度比较突出。证券行业拥抱互联网之后，快速打破了过去证券公司的渠道覆盖和区域劣势，带来了业务的快速增长。

（一）互联网证券的概念

互联网证券是指把互联网的技术和思维有机地融入证券业务，为投资方和融资方同时提供以证券标的为主的金融服务。

目前，技术手段的运用是证券公司主要的互联模式，如标准化业务的线上转移、立足于大数据处理的客户分类、线上线下业务模式的联动优化等，应该说整体上还处于互联网证券的低级层次。

互联网证券的高级阶段应该包括思维方式转变带来的模式生态重构，即立足于互联网思维的金融生态圈的建设。比如，在证券公司的内部架构方面，如何打破固有的服务模式和服务关系以及如何实现员工之间、客户之间、员工和客户之间以证券业务为桥梁的移动联系，是建设金融生态圈首先要应对的问题。在高级阶段，要整合互联网生态的各类参与者，从而实现与公司员工、合作伙伴和客户共建互联网生态圈的目标。至此，证券公司的角色将发生深刻改变，成为一个市场各方参与证券业务生态平台的策划、安排和执行者。

(二) 互联网证券的经营模式

目前，我国互联网证券的主要经营模式大致可分为证券公司主导模式、IT公司参与发起模式、券商与银行合作模式以及"银行+证券商+证券网"合作模式。

1. 证券公司主导模式

证券公司主导模式即证券公司自己建立广域网站点，营业部直接和互联网连接起来，形成"投资者计算机—营业部网站—营业部交易服务器—证券交易所信息系统"的交易通道。在这种模式下，证券公司拥有自己的门户网站和交易平台，能够在全国公司范围内统筹规划、统一交易平台和品牌，有利于开展咨询、证券交易、理财等一切客户需要的信息服务，按照投资者的需求，提供有针对性、个性化的服务，而且可以直接在自己的网站上为客户提供各种特色服务，如股市模拟操作、市场分析讲解等。建立证券公司自己的网络交易平台，与券商实施营业部大集中的趋势是一致的，这种模式也比较符合国内券商的内部管理架构。

2. IT公司参与发起模式

网上证券交易在国内开展，开始是由券商全权委托IT公司负责的，即IT公司（包括网上服务公司、资讯公司或软件系统开发商）负责开设网络站点，为客户提供投资资讯，而券商则以营业部为主在后台为客户提供网上证券交易的渠道。

3. 券商与银行合作模式

券商与银行合作模式使券商与银行之间建立专线，在银行设立转账服务器，可用于互联网证券交易资金查询，资金账户与储蓄账户合二为一，实现了银行账户与证券保证金之间的及时划转。采用这种方式，投资者只要持有关证件到银行就可办理开户手续，通过银行柜台、电话银行、网络银行等方式进行交易。

4. "银行+证券商+证券网"合作模式

券商与银行合作模式使投资者一次交易由三方合作完成：银行负责与资金相

关的事务；证券商负责互联网证券委托交易、信息服务等与股票有关的事务；证券网负责信息传递和交易服务等事务。这种模式下形成了三个独立系统：资金在银行系统流动、股票在证券商那里流动、信息在证券网站上流动。

无论以哪一种模式开展互联网证券业务，以客户为中心，加强客户关系管理，满足客户不断变化的需求，使服务更加专业化，都应是其核心内容。

（三）互联网证券的发展趋势

从利用网络效应来讲，证券公司具备了先天优势，因为它们拥有巨大的现有客户资源，该客户群体普遍具有更高的投资热情，对市场风险也有更成熟的认识。然而，由于缺乏网络平台的意识，很少促成客户之间的直接交流和反馈，所以并未在客户之间编织起一个以自身为平台的网络。传统金融机构要以既有客户为基础，开发出能够激发网络效应的产品、服务或商业模式。

1. 建立以客户为导向的内部架构

在互联网证券金融市场中，证券公司应该围绕以下两个核心调整自身运营模式和组织架构，设立专门部门专职开发、维护客户网络，而各传统部门配合其工作。第一，全面构建客户网络，保障和客户之间的双向交流，刺激客户和客户之间的内部交流。第二，以客户需求为导向，为客户打造一站式金融超市式服务，使自身的资产管理、融资融券业务成功与客户资本投资、规避风险的需求对接。互联网企业发展的核心竞争力是自身的客户网络，应壮大自己的客户网络，主动以客户需求为导向设计自身产品和服务。

2. 证券公司外部合作布局

为了迎合互联网证券金融发展的要求，证券公司在构筑平台时应该积极与外部平台拥有者联合，不应闭门造车。由于互联网市场下体现出来的"赢者通吃"现象，抢先获得市场制高点就变得尤其重要。借助成熟的平台缩短与互联网企业之间的差距，才能依靠自身金融方面的核心竞争力完成反超。也就是说，证券公司在努力构建自身客户网络的同时，应加强与现有网络和平台方的合作，推出新的平台。

三、互联网保险

随着互联网技术的普及应用和我国居民保险意识的增强，互联网成为保险公司宣传和获客的重要手段，互联网保险在我国得到快速发展。

（一）互联网保险的概念及类型

1. 互联网保险的概念

互联网保险是指实现保险信息咨询、保险计划书设计、投保、交费、核保、承保、保单信息查询、保全变更、续期交费、理赔和给付等保险全过程的网络化。互联网保险业务是指保险机构依托互联网和移动通信等技术，通过自营网络平台、第三方网络平台等订立保险合同、提供保险服务的业务。

互联网保险是一种新兴的以计算机互联网为媒介的保险营销模式，有别于传统的保险代理人营销模式。相比传统保险推销的方式，互联网保险具有以下优势。

互联网保险让客户能自主选择产品，客户可以在线比较多家保险公司的产品，保费透明，保障权益也清晰明了，这种方式可让传统保险销售的退保率大大降低；互联网保险的服务方面更便捷，网上在线产品咨询、电子保单发送到邮箱等都可以通过轻点鼠标来完成；互联网保险的理赔更轻松。互联网让投保更简单，信息流通更快，也让客户理赔不再像以前那样困难。

保险公司同样能从互联网保险中获益良多。通过网络可以推进传统保险业的加速发展，使险种的选择、保险计划的设计和销售等方面的费用减少，有利于提高保险公司的经营效益。

2. 互联网保险的类型

根据销售平台及客户来源的不同，互联网保险划分为以下四种类型，分别是传统保险公司的互联网化、专业细分的保险产品网上商城、网络购物平台上的保险专场和完全线上的互联网保险公司。

（1）传统保险公司的互联网化

传统保险公司的互联网化即保险公司网站，是互联网保险最为基础的模式，大部分保险公司都开设了官方网站以便客户查询相关信息。随着互联网保险重要性的日益凸显和信息技术的逐渐成熟，保险公司网站的功能已由最初的发布险种信息和宣传公司形象，转向功能的多元化，如建设专门的在线商城进行互联网直销以及产品报价、实时投保、网上支付、自助理赔、在线客服等功能。

(2) 专业细分的保险产品网上商城

专业细分的保险产品网上商城即第三方保险网站，是指保险公司以外的其他专门销售保险产品的网站。作为独立的第三方销售平台，这类保险网站集合了最新的保险资讯，并且同时提供多家保险公司的产品信息，以便客户对复杂的现存保险产品进行对比，选择合适自己的保险项目。目前，此类平台主要可分为两类：一类是以网易保险为代表的综合类平台，用户在线进行产品选择、保费测算、填写投保信息、支付保费，保险公司据此出具保单；另一类是以向日葵保险网为代表的保险咨询平台，这类平台提供的服务非常多元，包括产品查询、产品对比、保费测算、个性推荐、定制方案、保险问答和咨询代理人服务等，以此来满足每一个人的投保需求。

(3) 网络购物平台上的保险专场

网络购物平台上的保险专场即基于第三方电子商务平台的保险，开始是指独立于买卖双方，基于互联网为买卖双方提供服务的交易网站，近年来成为发展互联网保险的重要渠道，如淘宝、京东等。这类大型电商由于拥有大流量和大数据等优势，吸引了越来越多的保险公司进驻它们旗下销售保险产品。

当互联网技术通过场景将保险推送为所有行业的风险管理手段之后，保险产品的创新将是无穷的。电商平台依据自身平台上的消费者诉求，联合保险公司开发出适用于平台交易双方的保险项目。比如，蚂蚁金服推出的消费保险项目，最初仅限于退货运费险。之后，针对各个商品类目和交易环节开发出不同的创新保险产品，如衣服褪色险、鞋子脱胶险等。

(4) 完全线上的互联网保险公司

完全线上的互联网保险公司即专业网络保险公司，是指完全通过互联网进行保险业务，为客户提供保险全过程的网络化服务公司。这类平台与传统保险公司最大的区别在于它完全不设立物理营业网点，完全通过互联网进行承保和理赔服务。

随着互联网保险行业的不断发展，成立了一批为保险行业提供服务的公司，大概可以分为技术服务和业务服务两种。业务服务主要包括销售、公估和理赔等服务，这类公司尚处于萌芽阶段。同时随着保险公司、保险中介互联网化进程加深，越来越需要大数据、人工智能技术，其中评驾科技是一家 UBI 数据服务商，提供驾驶行为数据分析服务，保险公司可以据此进行定价、降低赔付率。

综上所述，互联网保险的概念可以从广义和狭义两方面进行理解。狭义的互联网保险即保险电子商务，是指保险公司运用电子商务模式进行产品销售，在互联网平台上实现保险咨询、设计、投保、缴费、变更、理赔和支付的全过程网络化经济活动。广义的互联网保险则不仅包括了通过互联网进行的保险产品销售活动，还包括了保险公司通过互联网进行的内部经验管理活动，以及保险公司之间、保险公司与其他公司之间、保险公司与保险监管部门和税务部门的网络化信息交流活动。

（二）互联网保险的发展趋势

1. 场景险或成主流

场景险是将功能明确的保险产品嵌入特定的互联网场景，满足特定场景下用户产生的风险管理需求，如嵌入在电商交易、支付账户、在线旅游等具体场景之中的保险，代表性的产品有退货运险、延误险、共享单车险等。场景险因结合了特定场景，使得客户接受度更高，且更加便捷、透明和低成本，随着"互联网+"的不断深入，大数据、区块链和人工智能等技术应用越来越广泛，社交、购物、美容、餐饮、娱乐、理财等领域将会提供越来越多的场景，从而不断催生出新的保险需求，互联网场景险的前景十分广阔。不过，由于其产品保费低、期限短，往往难以形成规模，且其模式依赖外部场景与流量，容易被复制，需要企业不断创新，增加客户黏性。

2. 资本加持下，互联网保险将走向爆发

在发现互联网保险这个充满潜力的领域后，嗅觉灵敏的互联网巨头率先杀入，除 BATJ 外，中国移动、中国邮政、前海金控、居然之家等各个领域的巨头

们，也纷纷开始涉足，招商局仁和财险、招商局仁和寿险、前海再保险等已获批成立，像汇友建工、众惠财产、信美人寿等首批相互保险组织也已批复，互联网保险行业的覆盖面、渗透度进一步扩大。随着互联网企业把投资目标由 C 端（客户端）转向容易变现、用户黏度高且不会轻易流失的 B 端（包括企业客户和保险代理人），B 端市场成为风口，受到资本青睐，相关企业不停地"跑马圈地"，资产规模迅速扩大，为互联网保险的爆发积蓄了力量。

3. UBI 车险有望快速扩大市场份额

互联网车险是互联网企业保费的一大来源，随着大数据、车联网等技术的进步，通过"汽车 UBI 保险+OBD 车载智能安全硬件+互联网汽车安全服务"的模式，将为用户提供更好的汽车安全和金融服务。同时，随着各路资本纷纷入局，区块链、大数据和人工智能技术的不断深入，互联网保险的渗透率将进一步提升，在不久的将来必会获得爆发式的增长。

四、互联网基金

近年来，我国互联网产业发展迅猛，成为我国经济增长的重要动力之一。公募基金销售借助互联网技术的支持，扩大了金融服务的覆盖面和渗透率，快速汇聚数量庞大的微小客户资金，互联网基金销售渠道也逐渐成为传统基金销售渠道的重要补充。

（一）互联网基金的概念

可从两个不同的维度理解互联网基金的概念，一种是指新型的基金销售模式，相对于传统基金线下销售这种方式，互联网基金是指运用互联网平台进行投资基金的理财活动。互联网仅是销售渠道，而基金才是真正的产品。

另一种是指纯互联网基金，即以余额宝为例的宝类产品。从根本上讲，宝类产品的本质是基金公司的货币基金产品，且在申购、赎回方面优化设置了"T+1""T+0"等功能；2.0 版本的宝类产品实现了支付消费、信用卡还款、取现等功能；3.0 版本的宝类产品还实现了宝类和非货币基金等理财的转换功能，目前仍在不断完善用户体验。

(二) 互联网基金的创新趋势

互联网基金产品在货币基金产品基础上并未进行颠覆性的改造，最大的创新体现在基金销售模式上。首先，它显著提升了传统货币基金的客户体验，通过降低投资门槛、简化投资程序、收益每日可看、提供快速取现及增值服务等多种方式，在方便客户投资理财的同时，将余额理财的观念融入日常生活。其次，成功的市场营销活动进一步推动了互联网基金产品走进千家万户。最后，金融抑制环境下的利率管制成为互联网基金产品持续迈进的难得机遇。它通过将普通投资者的小额分散资金集中起来，以大额资金的形式与银行进行议价，进而获取远超活期存款利率的收益水平的形式，而这正是此类业务能够大获成功的根本原因。

以余额宝为代表的互联网基金的推出，直接冲击了商业银行业务。商业银行也主动推出如活期般便利、有理财般收益的宝类产品，可以说是银行主动学习、拥抱互联网金融的积极作为。如此直接带动了盈利水平的增加，存款也未必减少。在科技金融时代，各家公司只有以客户为中心，打造明星产品，创新服务方式，完善用户体验，才能在高速发展的金融时代有立足之地。

五、互联网信托

互联网信托的产生对拓宽我国中小微企业的融资渠道以及降低融资成本，进而促进我国多层次资本市场和普惠金融的发展具有积极意义。

(一) 互联网信托的概念及主体

1. 互联网信托的概念

互联网信托是一种创新的互联网金融服务模式，是P2B（Person to Business）金融行业投融资模式与O2O（Offline to Online）线下线上电子商务模式的结合，通过互联网实现个人和企业之间的投融资。通俗地说，互联网信托的理念为互联网金融的安全性增加了一道保障，基于专业金融服务公司的眼光和高于金融行业的自创标准风控体系，对借款企业进行线下的信息核实，资产的抵押和质押，信用评级等征信服务，确保出资人的资金安全。

2. 互联网信托的主体

互联网信托在运营中主要涉及五个直接主体，包括 P2B 网络借贷平台、个人投资者、融资企业、第三方支付平台和担保机构。

（1）P2B 网络借贷平台：审核与评估

P2B 网络借贷平台作为联系借贷双方的中介平台，主要功能在于审核借款企业融资信息的真实性、抵（质）押物的有效性、评估借贷风险等。此外，P2B 网络借贷平台通常会对平台用户做出保本保息承诺，一旦融资企业违约，平台将动用自有风险准备金或其他手段来保证投资者的本息安全。例如，P2B 网络借贷平台与第三方担保机构的合作也为投资者的本息承诺树立了一道安全屏障。

（2）个人投资者：选择恰当的标的

作为投资主体的个人投资者，要在平台上自行选择匹配自己投资需求的信托项目，选择完成后，个人投资者向平台合作的第三方资金托管账户（大多为第三方支付平台）充入相应资金以向选择的信托项目进行投标，如果收到了平台确认的电子合同，则表明投资成功，即中标。

（3）融资企业：申请合适的标的

作为融资主体的融资企业，在相关信用信息平台审核后，向平台提出融资项目申请，同时提交相应的抵（质）押物的所有权证明，经平台再次审核后便可以在限定条件下在平台上发布融资项目信息，如果在融资期限内收到的投资总额达到融资项目的需求额，则表示融资成功。

（二）互联网信托的模式

互联网信托在网上运作信托业务，包括通过网络签订信托合同、查询信托信息、转让信托产品等。目前，互联网信托有四种主要业务模式：互联网信托直销、互联网消费信托、基于互联网理财平台的信托受益权质押融资和信托拆分。从实际运行情况看，除了互联网信托直销外，其他三种模式在合法合规方面均存在一些争议性问题。对此，个人投资者需要对相关业务模式予以甄别，增强风险意识。

1. 互联网信托直销

互联网信托直销即信托公司通过互联网渠道（包括官网、iPad 客户端、手机 App 和微信平台等）销售信托产品。互联网信托直销的兴起有很强的监管背景。

信托产品销售一般要求投资者面签并提供身份证明。目前，包括中信信托在内多家信托公司均提供网上视频签约。除了网签外，信托公司直销平台还提供产品推介、账户管理等多层次服务。

不同于银行及证券公司等其他金融机构，信托公司缺少营业网点，销售能力受限，搭建自己的直销平台则开辟了新的销售渠道并减少了对第三方平台的依赖，合规争议也不大。因此，互联网信托直销有望成为互联网信托在近期的主流业务模式。

2. 互联网消费信托

消费信托连接投资者与产业端，既为投资者提供消费权益，也对投资者的预付款或保证金进行投资理财，从而实现消费权益增值。互联网消费信托是指借助互联网手段发售的消费信托。互联网消费信托主要有以下两种形式。

①信托公司与互联网平台合作推出互联网消费信托产品。

②信托公司打造消费信托产品，借助互联网手段进行发售。

这些消费信托产品与传统信托有较大差异（传统信托的私募特征明显，一般面向高净值客户，投资金额较大）。这些消费信托产品多未采用集合信托的结构，而是面向广大消费者，具有客户众多、小额分散等特点。

3. 基于互联网理财平台的信托受益权质押融资

在实际操作中，信托受益权质押融资多是通过互联网理财的形式进行，并在资金端实行小额化。但由于信托受益权质押融资在法律上仍属空白，在合规方面较为模糊，所以并没有大规模推开。信托公司自建互联网理财平台，为本公司的存量信托投资客户提供信托受益权质押融资。

信托受益权质押融资在法律法规方面有较多争议。此外，也没有信托受益权质押登记的主管部门或办理机构。在这样法律空白面前，一旦出现纠纷，信托受益权质押融资参与者可能面临信托受益权质押无效等法律风险。在合规方面，信托公司主导的信托受益权质押融资平台需要注意资金端与资产端的匹配,避免触碰"资金池"红线;从事信托受益权质押融资业务的第三方理财平台,则需警惕"非法集资"这条红线。

4. 基于互联网理财平台的信托拆分

信托持有人或受益人享有信托受益权。尽管信托受益权和信托收益权在法律上并没有具体界定,但一般认为,信托受益权是包括了收益权等财产权利在内的综合权利。目前仍然存在以信托收益权拆分及转让为名开展业务的互联网理财平台,如上海的多盈理财。

六、互联网消费金融

目前,我国已经形成以商业银行、持牌消费金融公司、互联网金融平台为主体的多层次消费金融服务体系,其中,互联网金融的积极参与,是我国消费金融发展中的一个非常显著的特点。

(一)互联网消费金融的概念

消费金融(或消费贷、消费信贷)是指以消费为目的的信用贷款,信贷期限在1~12个月,金额一般在20万元以下,通常不包括住房和汽车等消费贷款,专指日常消费如日耗品、衣服、房租、电子产品等小额信贷。根据消费金融业务是否依托于场景、放贷资金是否直接划入消费场景中,又可以将消费金融业务分为消费贷和现金贷。由于消费金融机构不能完全覆盖各类生活场景,所以直接给用户资金的现金贷成为有场景依托的消费贷的有力补充,大多数消费金融机构都同时具备这两种形式的消费金融产品。

互联网消费金融是指借助互联网进行线上申请、审核、放款及还款全流程的消费金融业务。广义的互联网消费金融包括传统消费金融的互联网化,狭义的互联网消费金融仅指互联网公司创办的消费金融平台。

(二)互联网消费金融的发展趋势

中国互联网消费金融市场的参与方包括电商、银行、持牌消费金融机构、消费分期平台、其他消费金融平台,其中电商平台是指从电商开始兴起消费金融业务的机构,包括阿里巴巴旗下蚂蚁金服、京东旗下京东支付以及唯品会。电商平台消费金融凭借高流量、电商场景获得早期快速发展的优势,而后通过支付打通各消费场景,加之风控能力的优势从而实现领先地位。消费分期平台(包括趣店、乐信、爱财)起步较早,通过线下推广等方式实现早期市场教育和获客,这个阶段积累的用户成为它们长期发展的关键。

按照获客能力、客户体验、风控能力、资金成本来看待各互联网消费金融市场参与方的能力禀赋,互联网基因更重的电商、消费分期平台、其他各类消费金融平台在客户体验、风控能力上更优,但资金成本不如银行、持牌消费金融公司。此外,电商消费金融平台四个方面的能力最为齐备。

未来,随着监管政策的逐步出台,互联网消费金融行业将迎来整改的时期,无资质的机构将难以开展互联网消费金融业务,不合规的开展方式将被剥离。中短期内,行业增速将受到影响,行业集中度将提升。在这一期间,业务的合规开展、风控模型改善、风控更加严格将是行业内机构的主攻方向。长期来看,平台的复借率将会逐步上升,不同平台将会拥有自身的长期用户,而这些用户特征将决定这些机构的特征。因此,未来互联网消费金融应注重以下发展。

1. 个人征信数据的建设

中国目前信用环境尚处于落后阶段,个人贷款违约风险较大;电商公司以消费金融形势开展个人授信未进入央行征信系统,个人信用体系建设也不是短期可以实现的,难以保证用户出现恶意违约和信用危机;对于价格为王的网购市场,用户忠诚度难以通过单个平台的大数据分析获得,坏账控制能力将是电商开展消费金融业务的关键。

2. 互联网消费金融企业重视风险管理

充分运用各种风险分散手段,如保险和担保支持。保险业可以通过提供征信服务、小额信贷保险等来解决消费信用风险控制,担保同样为消费金融的发展提供专业化的风险防范机制。例如,现有的汽车消费信贷保证保险、助学贷款信用保证保险、小额信贷保证保险等都对促进消费发挥着重要作用。

3. 消费场景化，有效进度互联网消费金融用途

有效监督消费信贷用途，建立奖惩机制，使得贷款人真正利用消费金融工具来进行日常消费，而不是把资金用作他途。对于互联网消费金融来说，在消费场景中为消费者提供消费贷款的金融服务已经成为趋势，其中，最关键的就是基于消费场景的体验。

4. 互联网消费金融将细分化和垂直化

消费金融正在向更加细分化和垂直化的方向发展，根据不同人群、不同消费产品的互联网消费金融产品分化得越来越细，而细分、垂直化带来的也是行业的优化，每个领域，每一条行业线，都有更为专业的互联网消费金融公司出现。

5. 互联网消费金融将呈现普惠性、覆盖性

互联网特别是移动互联网技术在消费金融领域的应用，使得消费金融服务更具普惠性和覆盖性，不仅覆盖到生活消费的各个场景，还能覆盖更多的中低端用户群体，包括农民工等流动人口以及大学生等中低端用户群里。

（三）互联网消费金融典型模式

1. 按照资金支付方式划分

按资金支付方式分为消费者支付和消费金融服务提供商支付两大模式。

消费者支付模式是消费金融服务提供商先给消费者发放贷款、消费者在消费时自行支付给零售商，这种模式的产品主要有信用卡和综合性消费贷款，对于综合性消费贷款消费金融服务提供商难以控制消费者的资金流向。

消费金融服务提供商支付模式是消费者在进行相应消费时消费金融服务提供商直接向零售商支付，这一模式可以保证专款专用，但需要消费金融服务提供商拓展更多商户。

2. 按照针对人群的产品的不同划分

①综合性电商消费金融，以电商巨头天猫分期、京东白条等公司或产品为代表。

②3C 产品消费金融，以有用分期（美利金融旗下全资子公司）等公司或产

品为代表。

③租房消费分期，以斑马王国、房司令等公司或产品为代表。

④二手车消费分期市场，以美利车金融等公司或产品为代表。

⑤大学生消费分期市场，以分期乐、趣店、优分期等公司或产品为代表。

⑥蓝领消费分期市场，以买单侠等公司或产品为代表。

⑦装修消费分期市场，以小窝金服、土巴兔、绿豆家等公司或产品为代表。

⑧旅游消费分期市场，以呼哧、首付游等公司或产品为代表。

⑨教育消费分期市场，以蜡笔分期等公司或产品为代表。

⑩农业消费分期市场，以可牛金融、农分期、领鲜理财等公司或产品为代表。

3. 按照资金不同提供者划分

(1) 消费金融公司的互联网消费金融服务

消费金融公司是专业提供以消费为目的贷款的非银行金融机构，以小额、分散为原则，包括个人耐用品消费贷款及一般用途个人消费贷款等。

(2) 电商公司提供的互联网消费金融服务

作为拥有大数据资源的互联网企业，百度、阿里巴巴、腾讯、京东等已经完成了再消费金融领域的布局。

(3) 第三方支付公司提供的互联网消费金融服务

由第三方支付公司对用户提供授信并提供资金。如闪白条使用的是利用类似搜索引擎的爬虫技术，来获取用户在社交网络等公共空间的高价值数据，同时与合作伙伴进行充分的数据共享，进而通过一套严密的信用评级系统，计算出用户的最终授信额度。

✦ 第二节 互联网金融的创新与作用

一、互联网金融的创新

互联网金融较以往的金融产品更加注重产品形式的创新，其从最初形成到现在，在名称、产品到服务以及后续的一些发展变化中，创新的内容随处可见，并在创新作用的激发下，其形式越来越多样，产品越来越丰富，功能也越来越完善。具体来说，互联网金融的创新包括下列几个方面：

（一）服务创新

一般而言，消费者对于金融产品的认识和购买行为比较有限，他们大多通过固定的 PC 端或者线下的其他消费模式来获取所需要的产品或者服务。随着互联网的发展和经济发展水平的提高，碎片化的时间的大量填充，大量消费者已经部分丧失或者完全丧失了深度思考能力，很多时候对于各种消费品的消费是受其本身所存在的黏性度很高的群体或者交流活动频度较大的群体的影响。因此，发展互联网金融必须重视服务形式的创新，虚拟场景的服务是今后互联网金融的重要实现方式，其需要通过业务场景设计使得消费者在金融活动的消费过程中感受其服务，并能够通过细化的服务方式增强其对金融产品的服务体验，提升服务效果。场景不仅需要通过虚拟的形式迁移实物场景，更加重要的是能够通过较短的时间以及较简洁的操作满足消费者对于产品场景消费的体验。并使消费者能够满足对于产品细节要求的场景服务模式。服务形式要求内容简洁，操作流程简单，能抓住大众消费者的"痛点"需求，并在其消费过程中不断提升服务内容的品质。

（二）渠道创新

以往的金融行业以及互联网行业都是在各自的领域中进行产品和服务模式的创新活动。金融行业在过去的发展过程中垄断性强，很多有效的金融需求不能得到满足，金融需求被长久地压抑，金融交易成本和服务成本较高。而互联网行业通过其平台模式的建立不仅汇聚了大量的信息资源，同时也聚集了大量的沉淀资金，其为了获取更好的利润，开始寻找新的利润增长点。第三方支付业务的开展，促进了互联网行业向金融行业试水，同时也激发了互联网行业向金融行业扩充的思想。互联网行业的边际成本为零。大量的流量资源是吸引金融行业同互联网行业融合发展的关键资源。通过整合互联网行业以及金融行业已有的客户资源，同时降低服务和产品成本，促进资源在更大范围内的优化配置，并促进经济健康、快速发展。渠道的整合和创新，给互联网行业以及金融行业带来了新鲜血液，同时也激发了两个行业对产品、服务模式创新的思考，促进两个行业的改革深化发展。

（三）技术创新

互联网金融的深化发展不仅需要金融技术同时也需要互联网技术。金融行业在其发展时期积累了大量的金融资源。如何通过互联网技术的转化作用，在互联网技术以及金融技术的创新发展中使得金融行业不仅能够扩充其服务的广度和深度。同时也能够开发其未开发或者开发力度不够的客户和产品资源。技术创新不仅体现在技术开发使得消费者的消费体验能够更加真实贴切，同时也能够满足消费者不断增长的消费需求和多样化的消费方式，不断扩充金融产品的服务地域和范围。信息化和科技化、信息安全和资金安全成为互联网行业和金融行业未来发展的重要研究领域。

（四）信息处理能力创新

互联网金融能够利用零碎化的时间，通过大量移动端的消费行为获取大量的消费数据，形成海量的数据资源。但由于这些海量数据资源的收集范围广泛，时间零散，时间松散，因此数据间相关性差。通过相关因子分析，排除干扰因素，获取符合销售平台以及企业对于客户消费行为的把握是大数据收集之后平台所需要提升和创新的重要方面。信息数据处理能力的创新，能够提取有效的数据信息来分析消费者行为。有效的数据分析能够通过对消费者消费方式和消费支出的客观评价，扩大产品的销售渠道和范围，锁定销售对象，缩短产品营销周期，获得市场认可度，提升销售质量。

二、互联网金融的作用

人类历史上，任何一次颠覆性的技术革命都必然带来经济社会的巨大变化。而在中国，互联网技术高速发展与金融内生性需求增长的高度融合，同样会对中国经济社会产生不可估量的作用。

（一）推动实现普惠金融

普惠金融已成为世界各国所普遍倡导的金融模式，而中国政府也已明确表示将推行普惠金融作为经济改革的重要目标。普惠金融的实质是金融的普及化、平民化与民主化，而互联网金融由于极大地颠覆了传统金融的"贵族"特性，催生了自下而上的金融内生化与平民化力量，势必成为实现普惠金融的最佳途径之一。

（二）盘活社会资金

互联网金融的发展有助于扩大社会融资规模，提高直接融资比重，盘活社会资金，服务实体经济发展。一是互联网金融大大降低了普通百姓进入投资领域的门槛，通过积少成多形成规模效应，撬动更多社会资金。二是互联网金融可以依托资产证券化等手段盘活资产，实现资金快速循环投放。

（三）促进金融交易脱媒

互联网金融动摇了金融中介存在的两大基础——信息不对称与交易成本。互联网金融通过减少交易的中间环节，降低交易成本，实现信息资源共享，从而达到市场主体直接交易的目的。这势必压缩传统金融机构的生存空间和存在基础。

（四）降低了交易成本

互联网金融利用大数据、云计算、移动互联网等技术工具，实现了资源的跨时空配置，减少了市场交易的中间环节，降低了传统金融的交易成本，诸如人力成本、固定资产投入成本、监督成本、谈判成本、信息搜集成本，等等，而交易成本的降低为金融去中介化提供了可能。同时，节约了人的劳动时间，进一步解放了人的劳动时间，提高了劳动效率，使得社会资本的周转加快，乘数效应放大多倍，进而加速了社会财富的增长。

（五）减少了信息不对称

互联网金融改变了传统金融格局下的信息传递模式，即信息传递不再是单向、封闭与层级式的，而是变成双向、循环与扁平式，由于信息传递速度加快，信息容量激增，信息传递效率大大提高，信息的外部性增强，使得信息共享成为可能。

（六）加速金融创新

互联网金融打通了交易参与各方的对接通道，提供了不同类型金融业态融合发展的统一平台，有助于加快金融机构创新、金融模式创新和金融产品创新。一是互联网与金融的融合发展将重构当前的金融生态体系，新金融机构、泛金融机构、准金融机构等非传统金融机构将不断兴起，集成创新、交叉创新等创新型金融形态将不断涌现。二是在互联网金融的快速冲击下，金融机构既有的盈利模式、销售模式、服务模式和管理模式已经难以为继，倒逼其推动金融模式转型和创新。三是随着信息技术、社交网络技术、金融技术的不断突破，大量基于消费者和小微企业的个性化、差异化、碎片化需求的金融产品由理论变为现实，将大大丰富现有的金融产品序列和种类。

（七）加快传统金融机构变革

互联网金融改变了传统金融机构的资源配置主导、定价强势地位和物理渠道优势，倒逼传统金融机构加快价值理念、业务模式、组织架构、业务流程的全方位变革。其一是促进传统金融机构价值理念变革，摒弃以往过于强调安全、稳定、风险、成本的价值主张，更加注重无缝、快捷、交互、参与的客户体验和客户关系管理，真正做到以客户为中心、以市场为导向。其二是促进传统金融机构业务模式变革，改变息差作为主要收入来源的传统盈利模式，通过产品创新和提供综合增值服务构建新盈利模式。其三是促进传统金融机构组织架构和业务流程再造，加快组织的扁平化、网络化和流程的简捷化、去审批化，从而提高组织效率，快速响应客户需求。

（八）推动利率市场化

互联网金融模式能够客观地反映资本市场供求双方的价格与风险偏好，通过互联网金融平台，资金借贷双方可以实现在资金额度、利率、期限、风险、还款方式以及担保措施等方面的动态匹配，双方议价成交，交易完全市场化。如果还能够深入研究挖掘数据，甚至可以形成完全由市场决定的利率指数，从而完善贷款定价基础。与国外发达国家不同，中国式互联网金融植根于经济转型与金融抑制的背景之下，在进一步推进市场经济改革的过程中，互联网金融的出现势必会成为一种突破改革阻力的工具，其盛况空前的创新实践也将给中国经济社会其他领域的改革带来示范效应。

（九）缓解小微企业融资难，促进中小微企业的发展

互联网金融很大程度上解决了信息不对称引发的逆向选择和道德风险问题，有利于增强金融机构服务小微企业的内生动力，有效缓解小微企业融资难、融资贵、融资无门的问题，并由此推动国民经济的增长与发展。一是互联网金融依靠先进的搜索技术、数据挖掘技术和风险管理技术，大幅降低了参与方在信息收集、询价磋商、信用评价、签约履行等方面的交易费用，整体上降低了小微企业的准入成本和融资成本。二是互联网金融的运营特点与小微企业的融资需求具有很强的匹配度。三是互联网金融引致的激烈市场竞争将推动银行等传统金融机构重新配置金融资源，大量小微企业将得到更多信贷支持。中小微企业贷款难问题一直困扰着包括中国在内的发展中国家，尤其是在金融资源高度集中的市场格局下，中小微企业一直被排斥在金融服务体系之外。而互联网金融的兴起，为中小微企业搭建了直接融资平台，撬动了更多的民间资本，打破了中小微企业的资金瓶颈，实现了项目与资金的高效对接。

（十）拓展金融基础设施

一般来说，金融基础设施是指金融运行的硬件设施和制度安排，主要包括支付体系、法律环境、公司治理、会计准则、信用环境、反洗钱以及由金融监管、

中央银行最后贷款人职能、投资者保护制度组成的金融安全网等。互联网金融进一步完善金融基础设施的原因在于，支撑互联网金融的一些科技成果，如计算机网络技术、数据科学与大数据分析技术、区块链技术等会对金融基础设施，甚至对经济社会的基础设施会产生影响，并成为这些基础设施中的一部分。就金融体系来说，在这种场合下，除了传统的金融基础设施外，还会形成互联网金融基础设施，并与传统金融基础设施相互协作，对经济金融的进步发挥重要作用。

（十一）完善金融体制

在传统金融体制下，经济资源高度集中，信息处于封闭状态，其金融市场的总交易边界基本上具有确定性。随着互联网金融的形成与发展，市场的供求主体多元化，融资方式多样化，交易更为频繁，数量更为零碎，价格更为多变，金融交易的总市场规模急剧扩大，市场边界也快速扩张。

第三节 互联网金融的发展前景

一、互联网金融的发展趋势

随着互联网技术的不断革新，互联网金融开始蓬勃发展，新产品层出不穷。它为广大中小企业提供了崭新的融资渠道和思路，也为广大市民的日常生活和个人理财带来了极大的便利。国家对金融体制方面的改革越来越重视，并开始向全国推广和普及金融服务。目前，互联网金融已是国家金融体系的重要一环。为完善社会经济结构，保障国际经济的良性发展，政府就必须继续加强对其管理调控，并以宏观政策的形式规范其发展过程。互联网金融的发展趋势呈现以下特点。

（一）创新化

创新是一切社会活动得以进展的推动力。网络技术的迅猛发展和网络用户的飞速膨胀，再加上人们价值观和消费观念的转变，为互联网金融的兴起创造了良好的条件。随着互联网金融越来越被大众所熟知，大数据、云计算、人工智能、区块链等高新技术越来越发达，意味着互联网金融的前途不可限量。大数据可以用于精准把握市场和客户需求，云计算能够掌握最新市场动态，人工智能有助于业务办理的智能化，区块链技术则主要负责线上交易时双方的资金和信息安全。

中国互联网金融的创新化趋势主要表现为以下两方面。

其一，第三方支付正逐渐替代传统的支付方式。第三方支付平台最大化利用了自己的中介身份，其便捷的交易结算操作、良好的信用保障，促使消费者和各大金融机构间的支付成本降低，潜在促进了消费者的消费、增加了各商家的利润。第三方支付平台拥有大量资金和良好信誉，会和银行进行签约，在买卖双方之间提供交易资金，客户方通过对第三方支付平台发布支付命令，命令由第三方支付平台所接收并转递给银行。第三方支付所涵盖的业务多贴近人们的日常生活，使用第三方支付方式在很大程度上方便了人们的生活，且操作简单，容易上手，并由此不断在社会上普及、创新、发展，渐渐呈现一种取代传统金融的趋势。

其二，融资、贷款方式正在逐渐改变，这一改变在一定程度上解决了我国中小企业"融资难""贷款难"的问题。规模较大的金融机构（如商业银行）对中小企业会进行贷款风险评估，在评估过程中，中小企业常常因为风险过大而被银行拒绝为其提供贷款，故中小企业经常面临资金短缺的严重问题，寻求创新发展但苦于企业资金短缺。随着互联网金融的创新发展，出现了一些独立融资中介平台，这将为中小企业提供很广泛的平台去融资。类似阿里巴巴、京东这种凭借购物网站的融资平台作为辅助，也解决了中小企业的一部分贷款困境。以互联网金融为依托的新型融资贷款方式的主要形式为，贷款方不是银行这类金融机构而是个人，借贷双方的交易在线上进行，线上平台充当中介，借款方借得所需资金，并在约定时间内偿还本息。新的借贷方式有效提高了资源配置效率，加快了企业融资速度，在很大程度上能够缓解中小企业"贷款难"的压力。

（二）规范化

互联网金融诞生伊始，相关的监管调控和运行机制都欠完善，互联网金融因此经历了一段无序发展、竞争频繁的状态,这给消费者和金融业都造成了不小的损失,迫切需要引导它们走上正确的轨道健康有序地发展。互联网金融不再以大众化为发展目标,而是向小众化和个性化的方向发展,以期做到点对点专业服务,这也预示着互联网金融未来发展的规范化趋势。

(三) 场景化

场景金融是互联网金融的新形式。它是当下高度自由化生活形式的完全体现,已经融入现实生活的点点滴滴。场景化是未来金融业发展的重要趋势,在移动互联网时代,用户的所有行为,包括支付在内的金融服务与社交互动,都将融入具体的场景里。场景金融能有效解决互联网金融产品在不同情景下使用时带来的各种困难,这使得原先的生产销售模式被彻底打破。高效率、低风险、专业化、时效性都是其根本特性,同时场景金融的发展对实体经济也能带来一定的推动作用。

(四) 国际化

尽管我国的互联网金融并非世界发展的起源,但发展速度是其他国家难以企及的。相比之下,我国早就开启了手机等移动终端的收付、运输、证件管理、医疗保障等功能。一些企业在国内发展得如火如荼的同时,决定走出国门,到国外去谋求更长远的发展。为了尽快占据国外市场,不少企业开始通力合作,以合并或者联合的方式提升实力。海外市场的巨大潜力也冲击着国内市场,对外资企业来说,以推广和扩大知名度为目的,它们也十分乐意与国内成熟的互联网金融企业合作。

二、互联网金融的发展方向

(一) 行业规范进程加快

如果一家金融企业能不断创新金融产品、不断提升重要客户的服务体验,那么该企业将会长期处于发展期。令企业及其产品始终保持自身优势,这正是互联网金融未来发展的一个方向。在现阶段,防范系统性风险是我国金融工作的重中之重。互联网金融是金融产业的重要组成部分,而健康的行业环境是产业发展的重要基础。

互联网金融健康发展的基础是合法合规。一个合法合规的互联网金融平台,既能促进互联网金融产业的健康发展,又能降低系统性风险,同时能为企业塑造自己的品牌、吸引投资,吸引大批忠实用户。在互联网金融产业日新月异的发展下,未来会遇到很多不可预见的问题,监管机构需要出台更加规范严格的制度,让行业治理和产品创新同步进行。在监管趋严和信用社会不断发展的情况下,互联网金融企业需要不断提升合法合规意识,主动进行自律,加强风险管控,以此来保障金融秩序。未来互联网金融产业的合法合规化是不可避免的方向,加强风险管控、保障金融行业的健康发展是互联网金融企业的重要责任。

政府应出台措施促进互联网金融企业成长,鼓励互联网金融稳步发展,规范外部融资环境,加大相关基础设施建设投入力度,保障互联网金融对融资约束的缓解作用稳步体现。互联网金融虽然是新兴行业,但是互联网金融本质上脱胎于金融行业,涵盖了金融行业的所有特点,而促进互联网金融发展,互联网金融监管是关键的一步。但是互联网金融是新兴行业,应被给予一定的自主性,因此适度的监管能为互联网金融的改革深化保留自主发挥的空间。政府一方面加强监管,另一方面鼓励创新,双管齐下才能取得效用最大化,为真实缓解实体经济的融资约束出力。

对于互联网金融业来说,要想形成规范的行业发展态势还是要注重创新,用创新驱动发展。互联网金融是以传统金融行业为模板、互联网技术为支撑的金融产品。从互联网金融对缓解企业融资约束有明显效果来看,互联网与金融深度融合俨然已是大势所趋。政府应出台措施促进互联网金融规范发展,促进金融行业创新,激发市场活力,建设多层次、多维度的融资体系;应积极督促互联网金融平台不断优化升级,激励市场,促进互联网金融发展;在突飞猛进增长的同时也应注重潜在的危险,关注信息安全问题。互联网金融是一种对于实体金融信息的电子化收集和运用,目的在于共享信息,消除市场信息不对称,所以金融信息作为其根本,安全问题是至关重要的。互联网金融的交易融资基本是在网络上进行的，交易中含有大量重要信息，所以要保护网络平台上的信息安全，防止被外部窃取和破坏，进而从根源上保证其安全性。另外要保证信息安全不会被内部泄露。

互联网金融行业自律是行业规范发展的重要内部动力，应充分发挥行业自律对于互联网金融规范发展的正向引导作用。应强化遵纪守法、诚实守信的自律精神，营造互联网金融规范发展的良好外部环境。应积极鼓励互联网金融机构间的深化合作，传统金融行业与互联网金融行业的深化合作。各行业、各机构应携手共进，优势互补，共同建立良好的金融生态环境。

（二）金融监管走深走实

在互联网金融的监管上，我国也逐渐加大了力度，在互联网金融风险的监管政策和管理方法上不断寻求创新和改进的道路，使得互联网金融监管的水平不断提升。在监管政策方面，立足于现有政策的优点和不足，通过不断地优化和完善，我国陆续发布了一系列新的政策和方略，这些对正确监管互联网金融、保障互联网金融健康发展起到了很强的支撑作用。

互联网金融的监管已经受到我国相关部门的高度重视，并在推行和试验的过程中，不断进行总结、完善和改进，使我国互联网监管水平得到大幅度的提升。但同时引起我们警惕的是，我国互联网金融的体量是巨大的，像一艘海洋中的轮船，我们在认识互联网金融风险和有效监管方面仍存在许多不足。因此，提出有效的措施来改善和解决这些存在的问题，是我国在互联网金融监管发展史上的首要任务。

互联网金融并没有从根本上改变金融的本质，它的实质还是金融，并非新金融。即使是这样，我们也应该按照现有的金融法规将其纳入监管的范畴，而不能简单地任其发展、随波逐流。因此，政府在鼓励互联网金融创新的同时，应强化互联网金融监管，建立针对互联网金融的监管机制。加强监管并不是要抑制互联网金融的发展，更不是要遏制金融领域的创新，而是要扫除以互联网金融为名的不法金融活动，防范互联网金融风险，建立完善健全的"游戏规则"，为整个互联网金融行业的发展创造良好的发展环境。我国目前的互联网金融监管机制尚不完善，如果没有完善的监管机制对其约束，将极大地阻碍未来互联网金融行业的发展。

加强对互联网金融的监管是互联网金融发展的一大方向。随着金融市场的不断发展，我国互联网金融监管机构要不断地发现和研究新出现的问题，不断完善互联网金融的管理制度。在法律和政策方面，应大力推动金融创新，并从法律上解决消费者权益问题、防范系统性风险，从而推动互联网金融行业的健康发展。

在对互联网金融行业加强监管的同时，人们也要充分尊重这种新兴的金融产品的自身特点。对互联网金融进行监管是为了让其更好地发展，而非通过监管来阻碍它的发展，更不能使其成为传统金融维护其既得利益的工具。加强监管应在维持金融市场的稳定、维护消费者权益、规范市场秩序、加强风险管控等方面，寻求监管和鼓励两者之间的平衡，为互联网金融创新提供更大的发展空间。同时，要充分利用市场对资源的决定性作用，发挥政府在资源配置中的调节作用。在今后的发展中，互联网金融持续发展的方向不会改变。

（三）对传统金融行业的影响加大

健全的互联网金融体系可以更好地服务于实体经济，在当今社会经济飞速发展的背景下，互联网金融的发展方向就是使互联网金融真正地为实体经济服务。在互联网金融服务的发展过程中，互联网的推动功能打破了信息的不对称性，为资金供给方和需求方提供了一个重要的桥梁，从而使金融供应链结构得到优化，减少了许多不必要的环节，降低了企业的融资成本。随着互联网金融行业的发展，企业将会有更多的选择，同时，随着互联网大数据征信系统的迅速发展，投资人将会掌握更多的融资者信用状况，从而有利于金融机构控制风险，降低融资风险，开发适合企业的借贷金融产品，使其发挥作用，促进资金流向精准产业群体。

互联网金融是充满生机与创新的新兴事物，不但方便快捷，而且信息处理能力强，在组织方式上有其独特的优越性。互联网金融充分发挥这一优势，有效解决了传统融资、理财、移动支付等诸多问题。互联网金融在很大程度上拓展了金融服务的生产可能性边界，使得以往无法获得传统金融支持的企业也能够获得金融支持。从短期来看，互联网金融游离于传统金融服务之外的市场上；从长远来看，互联网金融将不再局限于传统金融市场，而是会向传统金融的核心业务领域发展，对传统金融的挑战也越来越大。

随着网络时代的发展，互联网金融将会受到越来越多的投资者的青睐。现在人们的日常生活中必不可少的就是互联网，人们可以在网上购物、订餐、交友，甚至可以在网上支付水费、电费以及电话费。互联网正加快发展并融入传统行业。而今互联网消费在人们生活中扮演着不可替代的角色。由于互联网金融顺应了广大用户的互联网消费需求的变化，人们足不出户就能得到快捷的金融服务，大大节省了人们交易、出行的时间成本。随着人们对互联网金融服务的需求的增加，人们将逐渐从传统的营业网点走向互联网服务。

互联网金融作为新兴业态也给中国传统金融机构带来全方位冲击，下面从负债业务、资产业务、盈利水平三方面梳理互联网金融对传统金融机构的影响。在负债业务方面，互联网金融平台凭借市场化的利率提高了资金供给者的回报，金融机构（如银行）必须提供更高的利率来竞争存款，这样缩小了银行的净息差，使其资金成本不断攀升。互联网金融同样恶化了金融机构（如银行）的负债结构，使资金成本较低的零售型存款比例下降，资金成本较高的同业存款比例上升，在提高付息成本的同时，也加剧了金融机构的脆弱性。在资产业务方面，互联网金融公司在交易成本、违约率、资金成本、获批时长等方面具有比较优势。互联网金融公司凭借大数据风控系统，能更准确地收集用户的消费数据、社交数据及行为特征等数字足迹，利用数字足迹所构建的大数据风控模型能有效预测贷款的违约情况，有助于解决中小企业"融资难""融资贵"问题。在盈利水平方面，互联网金融发展使金融机构（如银行）的活期存款资金成本上涨至市场化水平，进而导致了利润的下降。互联网金融的发展一方面没有推高金融机构（如银行）借贷利率，但另一方面导致净息差下降，说明金融机构负债端的成本上升无法向下游转移，挤压了金融机构的盈利空间。

由此可以看出，互联网金融对传统金融的影响逐步加大，两者共生共荣、相互补充、相互促进、共同发展，互联网金融不能完全取代传统金融业，但互联网金融的快速发展给传统银行业带来的挑战日益严峻。传统金融企业要把重点放在互联网金融的发展上，从根本上转变发展观念和发展方式，从互联网的思维模式中吸取和借鉴经验，充分发挥既有的优势和专业知识，突破行业技术、观念、体制和机制等束缚，创新业务模式，以更加开放的姿态促进金融互联网化发展，加快吸收互联网金融的优势，推动传统金融企业转型升级。只有这样，传统金融企业才能更好地适应互联网迅猛发展的需要。

（四）向移动互联网金融方向转变

互联网金融快速发展，必然推动移动互联网金融的发展。互联网金融出现以来，随着互联网规模不断扩大，迅速发展的互联网金融正在悄然改变着我国的金融体系和金融服务方式。创新互联网金融模式，是保证互联网金融持续、健康发展的关键，也是促进移动互联网金融更好、更快发展的重要因素。

互联网金融充分发挥其开放性，将资金需求方和资金供给方精准联系起来，实现透明化精准对接，它引导资金流向最需要的人群，实现对实体经济的精准支持，引导实体经济脱虚向实。互联网金融回归服务实体经济的功能也是今后互联网金融行业发展的一大方向。

金融必须为实体经济服务，其关键是降低金融虚拟化程度、回归本源，向直接服务实体经济转变。这就要求金融机构能够灵活地组合各种金融产品，实现多样化、差异化的综合服务，防范和化解金融风险，推动企业的转型升级。目前，移动互联网、大数据、云计算的发展非常迅速，它们与互联网金融的结合，可以将信息不对称带来的影响降到最低限度，互联网金融的发展潜力巨大。未来移动互联网金融的发展趋势不可阻挡，发展前景更为广阔。移动互联网将移动通信和互联网结合在一起，可以满足用户在任何时间、任何地点、以任何方式获取和处理信息的需求。近年来，随着移动互联网与传统行业的融合发展，移动互联网在推动社会信息化建设、促进行业发展、丰富人民群众文化娱乐活动中起到很大的作用，同时移动互联网的发展也孕育了无限商机，其市场前景十分广阔。

移动互联网的带宽、智能终端、操作系统、软件和云端服务合力推动着移动互联网不断创新，移动互联网用户规模得到了爆发式的增长。如今，移动互联网正逐渐渗透到人们日常生活、工作、娱乐活动的方方面面。随着3G、4G、5G通信技术的快速发展,智能终端价格和电信资费逐步降低,智能终端不断进行更新换代,移动互联网无处不在,引领我们进入一个新的发展时期,让更多的人开始了移动互联网生活,改变了人们的生活方式。

移动互联网金融是基于移动互联网平台发展而成的金融形态。移动互联网发展迅速,正在快速改变人们的生活方式,甚至对金融政策的实施产生不可预测的影响。移动互联网金融是以移动信息技术进步、移动互联网发展为基础的。移动互联网使金融产品能够随时随地进行交易,手机的普及使得人们可以在任何时间、地点进行交易,降低了交易成本。

移动互联网和互联网金融是当前市场的两大热点,两者融合必将给金融行业带来广阔的发展空间。随着移动通信技术的飞速发展、智能终端的发展和普及、移动安全技术的飞速发展,移动互联网金融服务范围不断变大,金融产品创新和内涵得到进一步拓展。随着移动互联网的飞速发展,移动互联网金融发展的速度越来越快,移动互联网金融作为互联网金融领域的蓝海市场,未来发展潜力巨大。

(五)更为注重用户体验

随着智能手机、移动互联网的快速普及,手机成为人们的生活必需品,而移动支付成为一个切入点。随着移动互联网与金融的深度融合,移动基金、移动网上银行、移动保险等产品更加丰富化、多样化,通过手机移动端,人们即使足不出户,也可以享受到便捷的金融服务。

年轻用户是互联网的中流砥柱,这个年龄段的群体虽然不是社会财富最大的拥有者,却是接触互联网最多的群体,他们大都喜欢冒险、崇尚创新、热爱自由,这也符合互联网最快获取信息的特质。

另外,互联网金融平台能够提供多样化的创新产品来满足用户对于投资、资金的多元化需求,同时,互联网金融的发展更加注重用户体验。互联网技术在不断提升,预计未来不仅是软件的提升,相应的硬件设备也会不断改进。譬如在技术安全方面,指纹、虹膜、人脸、步态等技术会不断进步;在软件应用方面,智能化技术会不断提升,为用户提供更好的体验。

互联网金融发展要发挥大数据优势，加强客户管理。企业要利用好"互联网+"技术，给用户打标签，实现精细化营销，让活动价值最大化；可借助现有的精准营销平台以及企业级精准营销组件，充分利用营销平台的统一营销大脑中枢驱动，发挥大数据网络化客户经营模式触达作用，提升渠道数字营销服务能力，促进线上线下交叉引流，加强营销活动效果评价反馈，以网络化的手段提升网点营销服务效率和客户体验。首先，搭建客户标签化体系，通过捕捉客户身份、浏览、交易等信息，建立客户数据库，进一步计算出客户的黏性及忠诚度；按照客户的标签信息特征，对其进行细分，如普通客户、高净值客户、消费偏好客户、理财偏好客户、专业技术人群等，进而通过提升服务质量进行客户价值挖掘。其次，丰富客户生活场景数据，如客户高频交易类型、平均交易金额及频次、客户衣食住行医娱等数据信息。最后，多维度识别客户。通过不同渠道的交易行为偏好，包括客户持有资产种类、浏览内容、不同页面停留时间、交易流水、搜索产品信息等，完善客户画像，更加精准地给客户定位。

企业要基于客户体验创新产品设计。互联网金融企业的快速发展，其主要原因在于客户在互联网环境中可以享受到更加方便、快捷的金融服务，突破了原有时间与空间的局限，给客户带来良好的体验。今后，互联网金融在坚守金融服务实体经济的本分上，应坚持机制改革、科技创新双轮驱动，不断增强内生动力、积厚发展势能。企业在创新金融产品时，应尽可能从客户角度考虑，因地制宜、因人制宜，尽可能使金融产品让客户便于接受、便于使用、便于推广。企业应加强线下网点的运营转型，转变策略，逐步向智慧金融方向过渡。这样做一方面能够提供给客户金融服务，另一方面可与人们共享科技成果。企业可用服务模式创新改善客户体验，全面构建"线上办理、全程感知、服务到家"的运营服务新模式；以岗位赋能增效提升服务效能，全面构建综合化网点岗位体系，持续提升客服经理业务办理、厅堂服务、客户维护等综合履职能力，着力打造全能型客服经理队伍，为客户提供更加优质的服务体验。

企业要利用好线上新模式，加强客户情感维系。在互联网金融环境下，"用户+"已成为互联网金融时代搭建的核心关键。客户逐渐将关注点转移到了金融服务的时效性、安全性、专业性等，因此企业要不断探索提升服务水平的有效途径与手段，以满足客户日益增长的金融服务需求，不断提升客户安全感和满意度，从而建立更加稳固的客户关系。企业要利用好"线上+线下""人工+智能""服务+营销"的服务模式。首先，要提供24小时贴心服务，在客户有需要的情况下，借助电话客服、客户经理云工作台等服务平台提供即时解答及有温度的服务，进一步提升在线问题解决能力；其次，搭建"精准高效"营销通路，要借助大数据平台内的客户标签，捕捉客户信息，精准挖掘客户群体的金融需求，通过批量营销短信、智能外呼等新模式，向客户推介特色功能、服务及有吸引力的营销活动；最后，可借助抖音、微博、直播等新媒体，结合客群的特点及交易偏好，定期发送关怀信息。

企业要实现线上线下互补，提升综合服务质效。首先，提升"一体化"综合服务。提高零售对公、境内境外、线上线下"三个一体化"综合服务能力，基于网点画像，打造出各具特色、专业突出的综合型网点。其次，打造"多元化"服务模式。推动网点服务模式向全场景经营、全渠道协同、全生命周期服务的多元模式转换。最后，提升"顾问式"服务体验。持续推荐网点业务线上化、自主化、云端化，释放网点人力资源，由柜面向大堂转移，为客户提供"顾问式"服务，致力赋能客户体验提升。

第四章　金融经济风险管理

✣ 第一节　金融体系主要风险概念及类别划分

一、市场风险的概念及分类

（一）市场风险的概念

商业银行市场风险管理最早体现于巴塞尔协议，随着实践的不断发展，学术界将其定义为：由于未来的利率、汇率、股票价格和商品价格无法预测的变动，可能对资产价值产生不利影响。由于市场中相关价格波动是随机的、持续性的、难以预测的，所以会给资产组合带来市场风险。

由于我国政策不允许商业银行在二级市场买卖商品实物和期货交易，所以商业银行所面临的商品价格波动可以忽略，而受利率市场化、汇率大幅波动、股票价格大幅波动的影响，商业银行面临的这三项风险比较大。

（二）市场风险的分类

市场风险可以分为利率风险、汇率风险（包括黄金）、股票价格风险和商品价格风险，分别是指由于利率、汇率、股票价格和商品价格的不利变动所带来的风险，其中，利率风险尤为重要，受到商业银行和保险公司的高度重视。利率风险按照来源的不同，可以分为重新定价风险、收益率曲线风险、基准风险和期权性风险。在保险公司的利率风险中还包含资产负债不匹配风险。

1. 利率风险

利率风险是指市场利率变化导致具体资金交易或信贷的价格波动使投资者可

能遭受的损失。换句话说，利率风险意味着金融机构将面临潜在的收益减少或者损失。利率风险的产生主要有以下几种情况。

一是资产转换过程中的资产与负债到期日不匹配。资产转换是金融机构的关键特殊功能，包括买入基础证券和卖出二级证券。由金融机构买入的基础证券与其卖出的二级证券相比，常有不同的期限和流动性特征。如果作为金融机构资产转换功能一部分的资产与负债的到期日匹配不当，它们就有可能把自己暴露于利率风险中。一般来说，只要金融机构持有比负债期限长的资产，都有再借款成本高于资产投资收益的可能，即再融资风险。

二是金融机构借款的期限长于其投资资产的期限。在这种情况下，金融机构会产生再投资风险，即由于持有资产的期限短于负债的期限，金融机构面临以不确定的利率把借来的长期资金再投资的风险，即再投资的产品收益率可能低于首次投资的产品收益率的风险，使得潜在收益减少。近几年，关于这方面风险敞口的典型例子是银行在欧洲市场上的运作，它们以固定利率吸收存款，同时以浮动利率贷款。利率风险会引发市场价值风险。

三是除了在利率变动时有潜在的再融资或再投资风险外，金融机构还要面临市场价值风险。一项资产或负债的市场价值，在理论上应等于资产被折现后的未来现金流量。利率的上升会提高这些现金流的折现率，从而降低该资产或负债的市场价值；相反，利率降低会提高资产或负债的市场价值。此外，若持有的资产到期期限长于负债的期限，则意味着利率上升时，金融机构持有的资产，其市场价值下降的数值会大于负债下降的数值。这样，金融机构会有遭受经济损失和清算的风险。

2. 汇率风险

汇率风险是指一个经济实体或个人，在国际经济、贸易、金融等活动中以外币计价的资产或负债因外汇汇率的变动而引起价值上升或下跌造成的损益。具体来说，汇率风险包括以下三种类型。

一是交易风险，是指汇率变化前未清偿的金融债务在汇率变化后结账时，这些金融债务的价值发生变化所造成的风险。交易风险涉及公司将来自身商业债务的现金流变化。

二是经营风险,是指由未预料到的汇率变化所引起的公司未来现金流的改变,从而使公司的市场价值发生变化所造成的风险。价值上的变化取决于汇率变化对未来销售量、价格和成本的影响程度。

三是折算风险,有时称为账户风险,是为了合并子母公司的财务报表,将用外币记账的外国子公司的财务报表转变为用单一母公司所在国货币重新做账时,导致在账户上股东权益项目的潜在变化所造成的风险。

3. 股票价格风险

股票价格风险是指源于股票等有价证券价格变动而导致投资主体亏损或收益的不确定性,也可称为证券投资风险。从风险产生的根源来看,证券投资风险可以分为企业风险、货币市场风险、市场价格风险和购买力风险;从风险与收益的关系来看,证券投资风险可以分为系统性风险和非系统性风险两种。

4. 商品价格风险

商品价格风险是指源于大宗商品合约价值的变动(包括农产品、金属和能源产品)而可能导致亏损或收益的不确定性。应该注意的是,与以上金融产品不同,商品"入账"交易通常会产生成本,因为商品合约要设定交割的形式和地点,比如在锌的合约中会规定用于交割的锌块的纯度、形状和仓库地址等。在远期合约定价中,运输、储藏和保险等费用都将是影响因素。不同于金融产品,在商品市场中现货或远期合约套利会受到一定限制,无法做到完全的无成本套利。在汇总风险头寸时,必须谨慎考虑套利的限制对风险测度的影响,不管是在不同时间水平之间、不同交割地点之间,还是在不同交割等级之间。这些方面的误配是商品风险敞口的显著因素,风险管理者应该检查商品风险有没有被那些隐藏风险的交割时间、地点或其他交割因素间的头寸集聚所低估。

二、信用风险的概念及分类

(一)信用风险的概念

信用风险是指债务人或交易对手未能履行合约所规定的义务,或信用质量发生变化而影响金融产品价值,从而给债权人或金融产品持有人造成经济损失的风险。在商业银行中信用风险主要存在于授信业务中。

信用风险有狭义与广义之分。狭义的信用风险是指因交易对手无力履行合约而造成经济损失的风险，即违约风险；广义的信用风险则是指由于各种不确定因素对银行信用的影响，使银行等金融机构经营的实际收益结果与预期目标发生背离，从而导致金融机构在经营活动中遭受损失或获取额外收益的一种可能性。狭义的信用风险属于单侧风险范畴，而广义的信用风险则属于双侧风险，更符合风险的本质，但在实务当中主要采用狭义的定义。

（二）信用风险的分类

信用风险是一种非常复杂的风险，根据其成因可以分为违约风险、交易对手风险、信用转移风险、可归因于信用风险的结算风险等主要形式。

违约风险是指有价证券发行人在证券到期时无法还本付息而使投资者遭受损失的风险，它通常针对债券而言。违约风险蕴含于所有需要到期还本付息的证券当中。

交易对手风险是指交易对手未能履行契约中的义务而造成经济损失的风险。在银行实务中产生交易对手风险的主要业务类型有以下几种。

一是持有头寸的结算交易，一般指银行与交易对手之间约定以债券、证券、商品、外汇、现金或其他金融工具、商品进行交易。

二是证券融资业务，一般包括回购、逆回购、证券借贷。

三是借贷交易，即通过向银行贷款来购买、销售、持有或交易证券。

四是场外衍生工具交易，指银行与交易对手在交易所以外进行的各类衍生工具交易，如外汇、利率、股权，以及商品的远期、互换、期权等交易合约和信贷衍生工具等交易合约。

违约风险和交易对手风险是客观存在的，不以证券发行人或交易对手的经济状况、还款意愿为转移。从理论上讲，每一个经济体中的自然人与法人均会存在一个违约概率，且该违约概率应恒大于 0、小于 1。广义的交易对手也包含证券的发行者。

信用转移风险是指债务人的信用评级在风险期内由当前评级状态转移至其他

所有评级状态的概率或可能性。该风险主要通过信用转移矩阵管理。著名的量化信用风险评价模型建立在信用转移矩阵的基础上，对信用转移风险进行测量。

可归因于信用风险的结算风险，是指因为交易对手的信用原因导致转账系统中的结算不能按预期发生的风险。赫斯塔特风险即为此类风险的典型。

信用风险按照发生的主体可以分为金融机构业务信用风险和金融机构自身信用风险。而金融机构业务信用风险又包括金融机构信贷过程中的信用风险和交易过程中的信用风险。金融机构自身的信用风险是在金融机构日常的经营管理中，由于内控机制不严而导致的信用风险。

信用风险按照性质可以分为主观信用风险和客观信用风险。主观信用风险是指交易对手的履约意愿出现了问题，即因主观因素形成的信用风险，这主要由交易对手的品格决定。这种信用风险在某些场合被称为道德风险。客观信用风险是指交易对手的履约能力出现问题，也可以说是由于客观因素形成的信用风险。这里的交易对手既可以是个人或企业，也可以是主权国家。

无论是哪种具体类别的信用风险，都具有以下共同特点。

一是信用风险的概率分布为非正态分布。常态来看，债务人违约属于小概率事件，但因为金融机构，尤其是银行的债务人非常集中，这就造成了债权人收益和损失的不对称，造成了信用风险概率分布的偏离。

二是道德风险和信息不对称是信用风险形成的重要因素。信用交易活动存在明显的信息不对称现象，即交易的双方对交易信息的获取是不对等的。在一般情况下，受信人因为掌握更多的交易信息，从而处于有利地位。而授信人所拥有的信息较少，处于不利的地位，这就会产生所谓的道德风险问题，使得道德风险成为信用风险的一个重要因素。此外，受信人可能为了获取对其更为有利的信贷条件，而贿赂或与授信人的办事人员勾结，导致授信人获取的信用信息严重失真。实证结果已多次证明，受信人在经济状况趋向恶劣、违约无可避免时，更倾向于将银行授信提取使用，使银行对其信用风险敞口进一步放大。与之相对的是，其他经济风险，如市场风险，由于交易双方的交易信息基本是对等的，因而道德风险在其形成过程中起到的作用不这么明显。

三是信用风险具有明显的非系统性风险的特征。虽然信用风险也会受到宏观经济环境如经济危机等系统性风险的影响，但在更大程度上还是由个体因素决定的，如贷款投资方向、受信对象经营管理能力、财务状况甚至还款意愿等，信用风险具有明显的非系统风险特征。

四是信用风险难以进行准确的测量。由于贷款等信用产品的流动性差、缺乏高度发达的二级市场，从而为各种数理统计模型的使用带来了不便。加之信息不对称，使直接观察信用风险的变化较为困难。另外，由于贷款等信用产品的持有期限较长，即便到期时发生了违约，能够观察到的数据也非常少，因而不易获取。故而在实务中，相当多的金融机构将逾期的数据处理后，与违约数据放在一起，对信用风险进行测量。

三、操作风险的概念及分类

（一）操作风险的概念

业界对操作风险的定义有狭义和广义两种，广义上的定义认为除信用风险和市场风险以外的所有风险，都属于操作风险，这种定义涵盖范围较宽，定义简单，但由于未给出任何定义性或描述性的字眼，对操作风险的识别、衡量和管理意义不大。

在国际范围内，公认操作风险具有以下主要表现形式：内部欺诈、外部欺诈、雇员活动和工作场所安全性，客户、产品及业务活动，实物资产损坏，营业中断和信息技术系统瘫痪，在执行、交割和流程管理中出现的操作性问题。

对操作风险可以这样理解：①关注内部操作，内部操作就是金融机构及其员工的作为或不作为，金融机构能够并应该对其施加影响；②人员品质和人员失误起决定性作用；③外部事件是指自然、政治、军事事件、技术设备的缺陷，以及法律、税收和监管方面的变化；④内部控制系统具有重要影响。

操作风险存在于金融业的各个方面，具有普遍性。此外，不同于信用风险、市场风险的是，操作风险仅为下侧风险，银行并不会因承担该风险而获得潜在盈利，因此对它的管理策略应该是在一定的管理成本约束下，尽可能降低它。

随着现代世界经济一体化、金融市场全球化的发展，银行及其他金融机构面临的竞争压力不断加大，金融产品尤其是金融衍生产品不断推出，网上银行、电子贸易等新交易模式开始出现，计算机信息技术迅猛发展，金融机构面临的风险越来越复杂并难以控制，由操作风险引发的金融案件频频发生，给整个金融界造成了巨大的损失。现在主要出现的金融业重大损失绝大多数都源于操作风险。操作风险以其单体即可造成巨额损失的特点引发了全球金融监管者、从业人士尤其是风险管理者的注意。但对于如何从完全意义上规避该类事件的发生，尤其是如何规避不同岗位之间的合谋等风险事件，业界仍然缺乏好的解决方案。

操作风险管理是对操作风险进行积极评估、监控、控制、缓释和报告的过程，是定期主动地评估风险、加强内部控制，是标准化的、系统化的管理而非随意性的管理，是对银行内部控制的深化。同时，操作风险管理以信息为基础，是成本分析的工具，是公司治理机制的要求。

总而言之，操作风险管理不是一项计划，而是贯穿于一个公司不懈和勤勉的管理过程。此外，现今的金融机构，更多依靠的是其中的职员以自身的行为反应提供服务。操作风险管理成功的关键要素是良好的管理和诚实、可信、经验丰富的员工。另外，因为操作风险存在于所有组织当中，故而金融机构的操作风险管理可以与非金融机构的操作风险管理相互参考、借鉴。

（二）操作风险的分类及特征

1. 操作风险的分类

（1）按风险事故发生的频率和损失严重程度分类

第一，发生频率低、损失程度也低的操作风险事件。这些事件的损失一般属于预期内损失，金融机构可采取信用风险防范的"备抵法"，以风险准备金的形式预先扣除损失。

第二，发生频率高、损失程度低的损失事件。如计算错误、交易误差等。对于这些事件，可运用直接观察得到的客观数据，通过统计模型来评估，并通过流程再造、人员培训、建立风险报告系统等控制方式来控制风险水平，以降低损失发生的概率。

第三，发生频率低、损失程度高的事件。这些事件包括自然灾害、政治及军事事件、内外部欺诈、会计违规等。这类事件的发生往往不能预料且损失巨大，因为发生频率低，故而损失数据难以收集，所以很难用模型来进行评估。金融机构可通过业务外包、保险等风险转移或缓冲方式来有效管理，或者在参考外部数据的情况下运用极值理论测算并提取相应的准备金。

第四，风险发生频率高、损失程度也高的事件。这部分需要风险管理者高度关注，尽量做到在事前加以防范，一旦发生，则应及时采取措施加以控制。

(2) 按操作风险发生原因分类

按操作风险发生原因分类的方法主要有"四类型法"。"四类型法"将操作风险分为内部操作流程的缺陷、人员因素、系统因素和外部事件四类。

第一，内部操作流程是指交易、结算及日常的业务操作过程，这方面的操作风险主要包括数据录入、评估资产、客户争端及客户资产损失等方面造成的风险损失。

第二，人员因素是指由于雇员及其相关人员有意或无意造成的损失或者因公司与其客户、股东、第三方或监管者之间的关系而造成的损失，包括歧视性交易、未授权交易、关联交易和内部欺诈。

第三，系统因素是指由于硬件、软件和通信系统发生故障，致使交易系统中断、延误、崩溃或发生偏差、程序错误，电脑病毒以及交易人员或风险管理者使用了错误的模型，或模型参数选择不当等造成的损失。

第四，外部事件是指由于第三方而造成的损失，如外部欺诈、撤资、监管的变化等使得业务发生变化，或者由自然灾害、恐怖袭击、勒索、信用卡欺诈、互联网犯罪等造成的损失。

(3) 按操作风险的损失事件类型分类

损失事件类型的定义来自巴塞尔银行监管委员会，损失事件类型是按照操作风险损失发生的事件因素来进行区分的，巴塞尔协议Ⅱ推荐的内部计量法和损失分布法均按此方法对操作风险进行分类。具体分为：内部欺诈；外部欺诈；雇员活动和工作场所安全性风险；客户、产品及业务活动中的操作性风险；实物资产损坏；营业中断和信息技术系统瘫痪；执行、交割和流程管理中的操作性风险。

2. 操作风险的特征

通过以上对操作风险的分析，可以清晰地认识到，操作风险同时具有人为性、多样性、内生性、风险与收益的非对称性、关联性等特点。风险管理者只有掌握了其特点，才能做到有效认识和管理操作风险。

(1) 操作风险具有人为性

由于操作风险主要来自金融机构的日常运营，人为因素在操作风险的形成原因中占了绝大部分。只要是与人员相关的业务，都存在操作风险。如果说市场风险来自金融市场上金融产品价格的波动，信用风险来自债务人的违约，那么大多数操作风险则来自有意或无意的金融机构内部的人为因素或失误。

(2) 操作风险具有多样性

操作风险在组织中无处不在，并构成业务经营中重要的组成部分。从覆盖范围看，操作风险几乎覆盖了金融机构经营管理的所有方面。从业务流程看，它既包括后台业务、中间业务，又包括前台与客户面对面的服务；从风险的严重程度看，既包括工作疏忽、计算失误等小问题，又包括影响很大的内外部欺诈、盗用等恶性事件；从风险的主体看，既包括操作人员的日常操作性失误，也包括高层管理者的决策失误。因此，操作风险涵盖的范围很大。

(3) 操作风险具有内生性

市场风险、信用风险一般为外生风险，是由于外部不确定性因素而引发的风险。而操作风险除自然灾害以及外部冲击等一些不可预测的意外事件外，大部分是内生风险，即由于金融机构内部不合规的操作因素引起。它的防范依赖于金融机构的结构、效率和控制能力。只要金融机构的业务没有中断，操作风险将永远存在，并成为业务经营中的重要组成部分，故而我们能对操作风险进行管理，而永远不能完全消除它。

(4) 操作风险具有风险与收益的非对称性

信用风险和市场风险一般遵循高风险高收益、低风险低收益的特点，存在风险和收益的对应关系。但是操作风险则不然，没有任何金融机构能够因为长期、持续地承担操作风险而获得高收益，操作风险损失在多数情况下与收益的产生没有必然联系，即没有额外的收益与之对应。

(5) 操作风险具有关联性

操作风险往往与信用风险、市场风险相生相伴，它会加大信用风险和市场风险的冲击力度。操作风险的大小与交易业务范围和规模联系密切，业务交易量大、规模大、结构变化迅速的业务领域受到操作风险冲击的可能性大，而一些业务品种单一、业务规模小、交易流程简单的业务领域受到操作风险冲击的可能性较小。

四、流动性风险的概念及分类

（一）流动性风险的概念

流动性风险是金融机构经营管理过程中天然存在的最基本的风险种类之一，它主要是指经济主体由于金融资产流动性的不确定性变动而遭受经济损失的可能性。在商业银行系统内，流动性风险特指商业银行无力为负债的减少或资产的增加提供融资而造成损失或破产的风险。商业银行流动性风险的根源在于硬负债与软资产的不对称性，是流动性供给与流动性需求不匹配导致的。当流动性需求远远超过流动性供给时，就会发生流动性风险。

（二）流动性风险的分类

流动性风险总体可分为内生性以及外生性两大类。商业银行将缺乏流动性的资产与高流动性的负债进行转换时，集中了整个社会的流动性冲击压力，故而流动性风险为商业银行内生性风险之一。一般来说，流动性风险常常是由其他原因造成的，如操作风险、信用风险和市场风险，还有管理和声誉问题、法律法规和执行困难等问题。当这些问题一起或某几种问题同时出现时，就会导致极其严重的风险。操作风险会导致日常业务流程的中断，也可能会影响现金流量，造成流动性方面的损失；信用风险可以引发流动性的问题，如签约方不能履行已签订合约的交易，比如一项衍生品或者贷款，则可能会导致流动性方面的亏损。市场风险如利率出现巨大变动而导致银行资产的损失巨大，造成现金短缺，同时筹资成本上升，使银行承受流动性损失风险。

从实际情况来看,银行的流动性危机往往是由外部冲击造成的,体现为外生性。外部力量,如系统性的市场危机、循环信用危机,或者发生诸如资本管制或债务延期偿付等重大事件,也可能使银行面临流动性方面的压力。原本风险管理水平很高的商业银行,可能因为外部的不利冲击所导致的流动性黑洞,从而突然出现流动性不足;而一个风险管理水平一般的公司,如果一直处在一种有利的市场环境中,流动性危机很可能不会展示出来。

流动性风险由资产流动性风险和融资流动性风险组成。欧洲银行监管委员会给出了以下定义。

资产流动性风险,也称为市场/产品流动性风险,是指资产头寸在市场深度不足或市场崩溃时,无法在不显著影响市场价格的情况下快速变现的风险。

融资流动性风险,是指金融机构在不遭受意外损失的情况下便无法筹资来偿还债务的风险。

总体来说,资产流动性取决于以下因素:一是市场条件。买卖价差越小、大额交易造成的市场冲击可很快恢复的反弹性越强,则流动性越好。二是变现时间范围。在不影响价格剧烈变动的情况下,变现所需时间越短,流动性越好。三是资产和证券类型。容易定价、交易活跃、近期发行的热门证券流动性更好。四是资产的可替代性。标准的、集中交易的合约,如期货或股票相对于场外交易的衍生工具更具可替代性,流动性更好。

融资流动性风险的发生主要有以下原因:无法预测的现金流量冲击,银行管理不善,负面印象和市场反应,金融系统性恐慌带来的流动性风险。

所谓的流动性黑洞,是指金融市场在短时间内骤然丧失流动性的一种现象。总体而言,金融机构多种多样,故而金融市场的流动性要求是多样性的。但银行和其他金融机构广泛采用基于类似模型或完全一致的计量模型,这导致系统会针对某种市场指标对不同的机构给出同一个指令,提示其买入或卖出。与此同时,金融行业整体监管放松等措施减少了市场参与者行为的多样性,使其行为愈加趋同,其后果是非常严重的。当金融机构从事市场交易时,由于外部环境变化、内部风险控制的需要以及监管机构的要求,会在某些时刻出现金融产品的大量抛售。

流动性黑洞理论认为，流动性的核心是金融市场的多样性，流动性黑洞的形成一般与市场规模没有必然的关系，而是与金融市场的多样性密切相关。一般而言，流动性黑洞在那些同质的市场，或者说，在那些信息、观点、头寸、投资组合、交易主体、风险管理缺乏多样化的市场中非常容易出现，而在那些存在较大差异性的市场中则会较少出现。

❖ 第二节　金融机构及企业风险管理

一、证券公司风险管理

（一）证券公司的风险类型

高风险是证券公司业务的固有特性。自从证券公司诞生以来，风险就渗透到证券公司业务的各个领域和各个环节。证券公司业务的多样性决定了证券公司所承担的风险也是多种多样的。但是，不失一般性，证券公司的风险也可以分为系统性风险和非系统性风险。同时，由于证券公司是区别于商业银行等其他金融机构的特殊金融机构，也决定了证券公司的风险表现形式具有其独特性，这些独特性与其开展的业务是息息相关的。

系统性风险也是宏观风险。系统性风险是指波及整个证券市场的风险，它主要来源于政治、经济以及社会环境的变化，这种风险是不可分散的。所谓的覆巢之下无完卵，实际上讲的就是系统性风险。非系统性风险则是指不同的证券公司面临的具体的各类风险，通常是由于证券公司在经营过程中决策失误、经营管理不善带来的各种风险。

根据国际证监会组织1998年的风险分类方式，证券公司的风险来源可分为市场风险、信用风险、操作风险、法律风险等。这是对证券公司风险更为细致的划分。

市场风险是指一个证券公司持有的投资头寸因为市场价格（如股价、利率、汇率等）的不利变化而发生损失的风险。这种风险会导致公司利润或资本的损失。流动性风险是指持有金融产品的一方无法在合理价位迅速卖出或转移而产生的风险，或者是投资头寸无法提前解约或避险，或者即使可以提前解约也必须以与市价相差极大的差额执行。

信用风险是指因交易契约中的一方无法履行义务而产生的风险。信用风险也包括由于融资、交换契约、选择权等交易在结算时因为交易对手的违约而产生损失的风险。

操作风险是指因交易或管理系统操作不当或缺乏必要的后台技术支持而引致的财务损失，具体包括：操作结算风险，是指由于定价、交易指令、结算和交易能力等方面的问题而导致的损失；技术风险，是指由于技术局限或硬件方面的问题，使公司不能有效、准确地收集、处理和传输信息所导致的损失；公司内部失控风险，是指由于超过风险限额而未被觉察、越权交易、交易部门或后台部门的欺诈而造成的风险，例如，由于账簿和交易记录不完整、缺乏基本的内部会计控制、职员业务操作技能的不熟练以及不稳定使本单位非系统操作人员或非管理人员易于进入电脑系统等原因而造成的风险。

法律风险是指交易契约因规范及法律意见不足、适度延伸法律解释，或者是业务行为偏差，使得契约无法顺利执行而导致损失的风险。其在形态上包括契约本身不可执行，或交易对手的越权行为。即法律风险包括可能使契约本身存在不合法性，以及契约当事人没有适当授权等情况。

我国证券公司的经营状况对证券市场行情及其走势有较强的依赖性，如果证券市场行情下跌，证券公司的承销、自营、经纪和资产管理等业务的经营难度将会增大，盈利水平可能会大幅度下降。证券市场行情受国民经济发展速度、宏观经济政策、利率、汇率、行业发展状况以及投资心理等诸多因素影响，存在一定的不确定性，证券公司存在因证券市场波动而导致收入和利润不稳定的风险。

（二）证券公司风险管理的理念及目标、组织与实施

1. 证券公司风险管理的理念及目标

健全证券公司的风险管理体系，完善其风险管理制度，以有效防范和控制证

券公司风险是促进证券业规范、稳健、高效、有序发展的必要条件。证券公司必须有科学的风险管理理念、切合实际的管理目标和行之有效的风险管理组织，坚持稳健经营、规范管理的经营原则，始终把风险控制放在业务发展的第一位，高度重视健全内部控制体系和风险防范机制。

证券公司的风险管理方法有很多，目前国际金融界应用比较广泛的是全面风险管理。证券公司的全面风险管理就是指风险管理策略、过程、基础设施和环境之间的融合。这里的策略是指公司的商业任务和策略、风险策略、价值命题；过程是指风险管理结构化的控制活动周期，一般包括风险意识、风险评估、操作、测量和控制、估值等环节；基础设施构成风险管理框架的基础，为有效执行风险管理过程提供支持，包括独立的风险管理中心、正式的风险管理制度和程序、风险测量方法、最大风险承受水平、报告交流情况和信息技术等；环境是指风险管理框架周围的环境，包括企业文化、人事培训与交流等。

对证券公司面临的金融风险进行有效的监控与管理，可以促进整个金融体系的稳定。证券公司风险管理的目标就是：保护证券公司免受市场风险、信用风险、操作风险以及法律风险等的冲击；保护整个金融行业免受系统性风险的冲击；保护证券公司的客户免受大的非市场损失，例如，因公司倒闭、盗用、欺诈等造成的损失；保护证券公司免受信誉风险。

2. 证券公司风险管理的组织与实施

在经济和商业动力的驱使下，证券公司应当建立、健全风险管理系统，完善风险控制机制。如果没有这些内部控制措施，证券公司将无法承受风险的打击。健全而有效的风险管理及控制可以促进证券公司和证券业的平稳、健康运行，增强广大投资者的信心，从而活跃股市交易。近年来，因风险管理及控制系统瘫痪或执行不当引发的多起风险事件，有力地说明了健全、有效的风险管理及控制系统在防范化解风险方面所起的重要作用。

（1）健全内部控制机制

良好的内部控制是证券公司风险管理工作的基础。公司只有在做好内部控制工作后，才能真正发挥出风险管理工作的作用。例如，数据工作是风险管理的基础，公司只有建立了良好的内部控制机制，风险管理工作才有可能收集到真实、完整的数据，才能正常运行。也只有建立了完善的内部控制机制，证券公司才能够对风险做到早发现、及时发现，从而及时地采取有效措施予以控制。

（2）风险管理机构

证券公司应建立独立的且权责明确的风险管理机构，全面负责风险管理工作。风险管理机构应该向证券公司最高层负责，具有较高的独立性，配备合格的人员，能够对风险进行计量、评估，及时发现风险和采取切实有效的措施进行控制。现在，证券公司专门的风险管理机构一般叫作风险控制委员会，它是由证券公司的一些高级经理人员组成的，定期就风险因素进行讨论和提交风险控制与管理报告。除此之外，证券公司的内部审计机构也是风险管理的一个重要机构。内部审计就是指及时对公司各个业务部门进行财务审计，及时发现公司经营中存在的问题。

（3）应用数学模型

数学模型的应用是近年来风险管理工作的重要进步。通过应用数学模型，对风险进行明确的定量分析，可以大幅提高风险管理的水平，为公司管理和决策提供有力的科学依据。我国证券公司在风险管理中应用数学模型成功的例子很少，在这方面需要特别加强。利用数学模型来测量和评估市场风险已成为世界范围内众多金融机构风险管理的要点，风险管理几乎成了风险测量的同义词。

事实上，由于风险管理的数学模型不能精确地将重大金融事件予以量化，所以，美林公司只将其作为其他风险管理工作的补充。一种金融产品的主要风险不是产品本身，而是产品管理的方式。不论金融产品是什么，或使用哪一种风险管理的数学模型，只要违反法律法规或出现监管上的失误，都会导致损失。与美林公司相比，风险是投资银行业务的固有特性，与投资银行相伴而生。投资银行在经营活动中会涉及各种各样的风险，如何适当而有效地识别、计量、评价和控制每一种风险，对其经营业绩和长期发展来说关系重大。公司的风险管理是一个多方面的问题，是一个与有关的专业产品和市场不断地进行信息交流，并做出评价的独立监管过程。

(三) 证券公司优化风险管理的措施

1. 风险管理意识普遍化

要想强化风险管理意识,证券公司由上至下每个人不仅需要了解风险的来源及表现,更要明白其严重性。风险管理工作需要全体员工的自觉维护,并不是单纯依靠风险管理部门所建立的管理制度与监督机制。一方面,证券公司应该重视风险管理,加深对风险管理的认识以及了解并更新风险管理的方式和手段,适当宣传风险管理文化,树立风险管理意识,让其成为企业文化的重要组成部分,为促进风险管理体系的稳定运行提供可能。另一方面,公司应当加强员工的风险教育,将风险意识贯穿于公司内部,让员工了解不管身处何种岗位,都与风险管理密不可分,为风险警示制度的建立打下良好基础,贯彻风险管理制度。

2. 完善公司的治理结构

证券公司不完善的治理结构会影响公司的积极发展。完善治理结构的重要一步便是适当分散股权结构。然而分散股权结构并非一朝一夕就能完成的事情,需要公司将自身情况与市场情况相结合,同时又要适应我国特殊国情,考虑分析出最合适的股权比例。在此基础上,再授予各层人员相应的权限,防止出现绝对控股的情况。

3. 优化风险管理框架

一是增强公司监督机制的独立性。一方面,需要增强董事的独立性,明确其选择机制,避免公司内部董事在意见表决时发挥过大的影响力;另一方面,风险控制部门应该与其他部门相互独立,风险控制部门人员的组成应为相关技术人员以及高端风险管理人才,且该部门不再受管理层直接领导,从而最大限度地发挥其执行能力。

二是调整风险管理组织。对于部门人员的缺乏,公司应该极其重视并加大对于风险管理的资源投入,及时了解该部门的要求,吸引大量风险管理人才,弥补风险管理部门的不足,以此促进公司的快速发展。无论是资源的缺乏,还是协调能力的不足,均反映了风险管理部门在公司内部缺乏权威性。权威性的缺失,使得风险管理部门的能力受到限制,不能明确向公司表达切实需要。除权威性以外,风险管理部门还应该具有系统性与可操作性,如此才能建立健全高效的风险管理组织,用以防范和解决公司所面临的各项风险。

三是提高风险管理部门的技术水平。众所周知,证券行业是一个信息化程度较高的行业,适逢当今互联网时代,信息化技术的运用日益广泛,在此背景下,证券公司应积极搭建风险管理信息平台,引进先进风险管理技术,实施远程实时风险监控,防范风险并加强内部控制。当然,进一步完善该平台更为重要。完善平台需要为其增加风险控制模型。在增加各种风险控制模型的同时,也要完善各模型下的预警功能与测试功能,为建立一个功能齐全且具有科学性的风险管理信息系统提供保障。在此基础上,各证券公司作为个体,应合理有效地利用网络完成产品的设计开发、各项数据分析等工作,并结合市场发展,支持开拓创新,实现证券公司信息化与安全化共同发展。

4. 制定严格的管理制度

随着风险管理地位日益提升,风险管理制度的必要性显而易见,不少证券公司制定的风险管理制度虽相对完善,但是仍需要进一步规范化。首先,各证券公司所制定的风险管理方案不能一成不变,需要根据市场以及公司自身发展前景而不断调整;其次,应制定风险应急机制,提高风险预警准确度,加强风险防范,减小风险造成的危害;最后,明确风险管理需要全公司的配合,各部门应当充分利用自身职权积极完成风险管理任务,以促进公司稳定快速地发展。

二、商业银行风险管理

在商业银行经营管理的过程中,风险贯穿始终。商业银行经营管理的核心就是风险管理。下面将重点介绍商业银行经营中面临的各种风险以及银行的风险管理体系。

(一)商业银行面临的各种风险

商业银行面临的风险是多方面、多层面、全方位的,既有来自外部的风险,又有来自内部的风险。

1. 外部风险

信用风险，是指合同的一方不履行义务的可能性，包括贷款、掉期、期权交易及在结算过程中因交易对手不能或不愿履行合约承诺而使银行遭受的潜在损失。

市场风险，是指因市场波动而导致商业银行某一头寸或组合遭受损失的可能性。

法律风险，是指由于合约在法律范围内无效而无法履行，或者合约订立不当等原因引起的风险。法律风险主要发生在场外交易中，多由金融创新引发法律滞后而致。有些金融衍生工具的创设就是从规避法律的管制开始的。

2. 内部风险

财务风险，主要表现在资本金严重不足和经营利润虚盈实亏两个方面。一方面，目前有些银行资产增长速度远高于资本增长速度，资本充足率进一步下降；另一方面，自财务体制改革以来，将大量的应收未收利息作为收入反映，夸大了银行的盈利。

流动性风险，是指银行用于即时支付的流动资产不足，不能满足支付需要，使银行丧失了清偿能力的风险。

内部管理风险，即银行内部的制度建设及落实情况不力而形成的风险。由于部分管理人员思想麻痹，员工素质参差不齐，执行规章制度不到位，给银行造成了很大的安全隐患，经济案件时有发生。

（二）商业银行全面风险管理体系

商业银行全面风险管理体系由相互联系的八个模块（要素）组成。各模块的具体内容如下所述。

1. 风险管理环境

风险管理环境是全面风险管理的基础，具体包括银行价值取向、管理风格、风险管理组织结构、风险管理文化等，其中，风险管理文化是全面风险管理的核心，它能够影响目标设定、风险识别和评估、风险处置等各个层面的活动；风险管理组织结构是全面风险管理得以实施的组织保障和支撑，风险管理职能必须保持一定的独立性。

2. 风险管理目标与政策设定

风险管理必须能为银行管理层提供一种设定目标的科学程序，银行要将风险管理的要求贯穿于银行各项目标之中，通过选定风险偏好和风险容忍度，制定明确统一的风险管理政策，包括信用风险管理政策、市场风险管理政策、操作风险管理政策等，以实现风险管理和银行目标的紧密结合。

3. 风险监测与识别

风险监测与识别包括通过贷后管理来监测和识别客户信用风险，通过跟踪国家宏观政策、行业状况、金融市场以及监管法规等有关情况识别市场风险和操作风险。对风险进行识别是准确度量风险的前提，银行必须通过监测系统保持对内外部事件的敏锐性，首先做出事件是否会产生风险、是什么类型风险的判断，才能对风险程度和大小进行分析，并在此基础上进行风险预警和处置。

4. 风险评估

风险评估可从定性分析和定量分析两个方面进行，但《新巴塞尔资本协议》颁布之后，风险测度偏重定量分析，要求尽量将数据量化以确定受险程度。在建立信用风险内部评级系统的基础上，银行应同样以 VaR（value at risk，风险价值法）为核心度量方法建立市场风险评估系统，并努力将操作风险的内部计量法包括进来，建立一体化的风险管理体系，使风险分析的结果能相互比较以利于决策，在不同业务间合理地配置经济资本。

5. 风险定价与处置

对于预期到的风险，银行可通过风险定价和适度的储备来抵御；对于非预期到的风险，银行必须通过资本管理来提供保护；对于异常风险，银行可采取保险等手段解决。银行可以通过资产组合管理来消除非系统性风险，通过兼并来吸收风险，通过辛迪加贷款来分散风险，通过贷款出售、资产证券化等手段转移风险，通过衍生交易来对冲风险。

6. 内部控制

银行应建立健全的内部控制体系以防范操作风险，通过制定和实施一系列制度、程序和方法，对风险进行事前防范、事中控制、事后监督和纠正，以确保国家法律规定和商业银行内部规章制度得到贯彻执行，确保操作的规范性。

7. 风险信息处理和报告

银行应建立包括信贷信息、操作风险损失、市场风险信息等在内的数据库，通过信息处理系统保持数据库的更新，及时反映内外部风险信息等。银行要建立科学灵敏的风险报告制度，对银行的风险现状进行汇总、分析，对各种风险管理政策的实施效果进行分析，形成定期、不定期的综合及专题报告，按照一定程序报送各级风险决策机构；要针对不同类型的风险来区分不同的报告渠道和进行风险报告的职责分工。

8. 后评价和持续改进

银行风险管理部门应该对全行规章制度、信贷管理流程、风险管理流程的执行情况进行后评价，并建立相应的授权调整和问责制度，确保风险管理体系的运行。同时，风险管理部门应根据外部环境、监管当局的要求以及后评价中发现的问题，对风险管理体系中的有关内容提出调整和完善意见，由银行决策层对全面风险管理体系进行持续改进。

（三）我国商业银行风险管理对策

1. 建立良好的风险管理文化和理念

应加强风险管理企业文化建设，它是各商业银行最容易轻视但又最不可缺少的企业文化。董事管理人员需要明确各种风险危害，定期组织风险管理教育活动，对员工进行风险管理的文化宣传普及，增强员工的风险管理意识，让管理工作人员对风险管理有所了解，使员工树立重视风险管理的观念。各大商业银行应该把风险管理的理念扩散到银行的各个环节，把银行本身的企业文化与其相互融合发展，增强自己的企业内外在文化，提高银行企业整体的风险管理文化水平。

2. 建立高素质的风险管理队伍

商业银行要对企业风险管理人员进行严格筛选，对每个工作人员都要了解，对不适合本职位的工作人员进行辞退，完善银行企业的考核标准，打造一个具有素质高、能力强的风险管理专业队伍，让我国的商业银行长期稳定地发展，使商业银行的基础更加牢固。

3. 改进企业信用状况

一是国家需要形成健全的管理制度，使商业银行的市场规范化，提高政府的信用度，促使商业银行树立功德意识、信用意识，强调信用的重要性，打造一个公平规范的市场信用环境。

二是制定相关的法律法规，对市场信用体系进行完善，使用法律法规对银行市场进行监督规范。全社会共同监督审查，实施举报有奖机制，加大奖励措施，有错必罚，有功必赏，鼓励商业银行进行诚信经营，培养自己的信用体系。

三是加强信息交流。现在的商业银行机构之间的信息不流通，市场没有流动性，信息过于单一，严重限制各商业银行的发展。应当建立一个商业银行服务中心，向各大商业银行提供其所需要的信息资源。国家建设商业银行登记信用信息平台，对其信用信息进行评价分级，改变目前信用系统乱而不统一的局面，对银行进行实时监控，全社会共同监督，打造一个全新的信用环境，促进各大商业银行进行积极发展。

三、企业金融风险管理

（一）企业金融风险种类分析

1. 受国内、国外市场环境影响而形成的市场风险

由于市场环境具有不稳定的特征，受不同市场环境影响的企业经营效益会有所差别。受市场波动而产生的价格的升高或者产品销量的下降等因素影响，企业的盈利会下降；而且，如果企业没有及时根据市场需求变化做出产品销售计划的调整以及产品创新升级等，也会导致企业在不断变化的市场环境中减弱自身的竞

争优势，从而难以长期持久地发展。另外，受系统风险的影响，在国内外发生通货膨胀时，物价上升带来本币贬值，国民经济衰退，使得消费者的消费能力下降，企业面临着产品的销售危机以及销售成本提高的风险。

2. 使得实际收益低于企业预期收益的利率风险

市场环境的变化也会对利率产生影响，对于其中的重新定价风险，当企业中的资产负债等项目重新定价的日期与其到期日不匹配时，就会基于浮动利率与固定利率的差异影响进行重新定价，由于利率的变化，如利率较大幅度地下降，就会对企业形成利率风险；对于其中的选择权风险，即期权风险，企业的客户没有充分认识到自身所存在的期权风险，这将给企业的运营带来潜在的金融风险；对于其中的收益率风险，企业在有了收益率的基准后，通常是无风险的国债利率，受经济周期或其他经济因素的影响，收益率曲线的斜率或者形状可能会发生改变，会使得企业内部在一定时期产生收益率风险。

3. 汇率变动给企业带来的汇率风险

随着经济全球化脚步的加快，以及我国开放经济发展的需要，我国与国际的贸易往来愈加密切。在国际贸易往来中，涉及本币与外币之间的兑换问题，两种货币的兑换受到汇率影响，而影响汇率的因素是多样的，如一国的经济发展水平、利率等。因此在货币兑换中，汇率因素的影响会给企业带来由于汇率风险产生的损失。当然，由于汇率变化导致的本国货币相对于另一国货币的升值或贬值，也会对企业的产品销售产生影响，会影响到产品外销的价格或者数量等，从而形成了企业的汇率风险。

4. 互联网环境下企业面临的金融风险

随着互联网技术的发展，企业所面临的金融风险更加复杂。网贷作为一种新兴的线上贷款方式，由于不完善的体制与监管措施，使得其面临的信用风险要大于传统金融机构所面临的信用风险，一旦借款人违约，由于事先约定的较高的借款利率，其后偿付账款的可能性便会大大降低。当然，互联网金融的存在，也为更多的小微企业提供了新型的融资渠道。在融资来源增加的同时，发放网贷的企业也要注意保持一定的流动性资金，以防止流动性风险的产生。

（二）企业金融风险管理的有效措施

1. 金融监管部门需要加强金融行为审查力度

相关的金融监管部门应当加强对于金融行为的审查力度，从而在根源上避免不正当的经营环境，从而促进整个金融市场的良性发展。首先，在当前的新形势下，有些企业为了减少或者避免金融风险的出现，进行了一些不正当的行为，这种行为的出现，给市场的秩序造成了严重的破坏。因此，加强监管工作必不可少。监管部门的工作人员可以将税收以及账目等作为审查的切入点，对一些不正当经营的企业或者个人进行审查，并且及时予以处理，坚决制止不法行为。其次，对以金融经营为主要项目的企业进行严格的资质审查。随着互联网的发展，在当前的新环境下，很多企业都推出了一些理财产品、信用贷款项目等，这也促使金融市场的发展更加迅速。对于个人以及企业来说，要想进行资金的周转或者通过理财增加自己的收入，都不可避免地会应用这些产品或者项目。但是也正是互联网的便捷性，使得网络借贷平台大量出现。它们隐藏在互联网之中，仍然能够在国家的明令禁止下进行不法的金融行为。因此，监管部门更需要加大审查力度，从而取缔这些不法机构，保障金融市场的安全和秩序。

2. 企业需要建立良好的金融风险预警机制

有些企业在成立前期，发展的速度很快，但是一旦发展到一定规模后，发展的速度就会降下来，甚至长时间停滞不前。其最大的原因在于，企业没有良好的金融风险预警机制，在激烈的市场竞争环境中难以找到发展方向。一方面，企业不想失去发展的机会；另一方面，企业也了解决策的错误可能会造成资金损失，使其发展陷入一定的困境当中。要想解决此情况，企业需要从源头着手。

首先，积极引进金融方面的专业人才，组建一个专门的金融风险管理部门，全面把控企业的情况，从而提升企业整体的金融风险预警水平。

其次，加强对企业内部工作人员的培训，使得工作人员能够适应金融市场环境和形势的转变，并且对金融相关的体制和工具加深认识，进而提升企业内部全体工作人员的抗风险意识。

最后，金融市场虽然时时刻刻都在发生着变化，但是往往都是围绕着关键问题的小范围变化，而一些关键问题的转变可能会引起企业整体的变化。因此，企业内部的金融风险管理部门对于市场信息和市场的走向应当有充分的掌握，并且结合行业的发展趋势和相关政策的变动情况等，充分考虑企业自身的实际情况，建立良好的金融风险预警机制，一旦出现可能引起金融风险的隐患，及时采取有效措施应对，避免由于金融风险给企业带来大的损失。

3. 提升企业整体对于金融产品的认知能力

在企业经营和发展的过程中，最为重要并且能对企业产生极大影响的是资金问题。一旦出现资金缺口，企业很可能就会面临投资方撤资等对企业发展不利的问题，一旦处理不慎，很有可能会导致前期的努力全部白费。企业通过利用理财产品以及信用贷款等，能够在一定程度上解决企业的燃眉之急，提供适宜的解决方案。但是在使用理财产品以及信用贷款的过程中，企业也面临着新的风险，也就是金融产品本身可能涉及的一些风险。为了规避和减少风险对自身带来的损失，企业需要做到以下几点。

首先，企业需要对自身的经营情况进行全面的分析，慎重考虑是否有必要利用这些金融产品解决自身所面临的困境，选择这些金融产品可能会产生哪些风险，企业是否有能力去承担这些风险。

其次，企业确定需要利用金融产品解决自身问题后，应当对后期的还款方式以及还款的时间进行重点的考虑，并且需要结合自身实际的还款能力，在尽可能降低费率的同时，避免由于超出自身还款能力导致还款超期或者无法还款引起的信用风险等不利情况。

最后，从整体的角度来看，以网络贷款为主要形式的金融产品一般都是金融企业自行进行审核工作，因此，申请贷款的门槛比较低，发放贷款的速度也比较快，在企业面临困境急需资金周转时，可以将其作为隐藏的资金来源，进而帮助企业度过危机。企业的管理者也需要对此情况有足够的认知，了解这种渠道取得的贷款只能用于必要的时刻，而不能作为企业的常规资金解决方案。一旦形成不良的习惯，对金融借贷产品产生了依赖性，就有可能在没有充分考虑企业自身情况的前提下，产生冲动的投资行为，这样不仅会导致资金难以为继的恶性循环，使企业的经济效益有所降低，在严重的情况下，还可能使得企业面临更大的危机，如倒闭、破产等。因此，企业需要从整体上提升对金融产品的认知能力，谨慎选择和使用金融产品。

总而言之，随着我国市场经济的飞速发展，在金融行业不断发展的同时，金融市场的环境也变得更为复杂，看似良好的投资行为背后，可能潜藏着一些对于企业不利的金融风险，一旦出现了错误的决策，很有可能会对企业自身的发展造成不利影响。因此，在这样的新形势下，要想加强金融安全管理工作，除了需要金融监管部门的努力，企业自身也需要建立良好的金融风险预警机制，提升企业整体对于金融产品的认知能力，从而促使企业的金融风险管理水平不断提升，在当前市场竞争环境激烈的形势下获得长远健康的发展。

第三节 金融经济风险的起因及管理程序

一、引起金融经济风险的因素

（一）金融机构内部结构相对简单

从现阶段我国各大金融机构的内部组成现状能够看出，可将其根据结构特点分为"资产购买固定资产"和"固定资产"两种形式，但是这两种形式在一定程度上都具有较为明显的共性化特点，那就是金融机构内部的"股份占有比例"较低，都具有"稳定性"的发展趋势。通常来讲这样是不会发生相应的金融风险的，但是凡事无绝对，一旦金融机构在实际运行的过程中受到"经济结构变化"的影响，就会使得部分金融机构无法收回相应的投入资金，久而久之就会形成严重的负债压力，这对于金融机构的长效健康发展是十分不利的。

（二）金融机构对贷款对象缺少基本的了解

其实造成金融机构发生金融经济风险的最重要的因素还是金融机构本身的问题，许多金融机构只顾眼前的利益，没有提前对要贷款的企业或者单位的实际资产等进行认真审查，盲目地进行借贷工作，同时现代社会出现一些靠关系、走后门的现象，通过一些不正当的方式进行贷款，这些行为都会造成金融机构的经济发展不平衡、资金波动严重，使金融机构面临大量不良贷款的威胁，给自身发展带来极大的损害。

二、金融风险管理的一般程序

金融风险管理的流程较复杂，一般包括以下五个阶段。

(一) 金融风险识别

风险识别是指在风险事故发生之前，运用各种方法系统，连续地识别所面临的各种风险并分析风险事故发生的潜在原因。

1. 明确风险业务的类别

分清楚风险业务的类别可以识别各项业务中出现的特定风险，避免出现将不同类的风险划分为同一类型，或者将不同时间段出现的风险归为一类，抑或是将属性不同的风险认为同一属性风险的现象，在界定风险类别的过程中，要根据内涵、种类和特征划分。

2. 识别关键风险的诱因

风险事件的识别需要充分考虑风险产生的缘由，在实际情况中，每一种风险诱发的原因各不相同，且相对复杂，而且每一种诱因还会引发不同种类的风险。如果要对所有的风险进行分析，几乎不可能做到。识别风险的重要因素是现实的方法——关键风险诱因，把风险的相关性和关键的风险诱导结合，分析两者之间的内在联系和影响。当同一种风险诱因影响了几种风险的发展方向，可以认为几种风险存在内在联系。因此，可以根据风险诱导建立与风险事件相对应的联系。

3. 风险事件的确定

基于关键风险诱因的识别，确定金融机构的业务活动，并对业务活动中的各类业务和业务环节进行分析，确认是否存在易发风险事件。不同的时空，金融机构发生风险事件的特征和集中程度也不同，因此，对风险事件的确认需要建立在关键风险指标体系的基础上。

4. 关键风险指标体系的建立

风险事件具有多种多样的表现形式，对风险进行科学的分类可以加深对各类风险特征的了解，进而有助于更加准确地识别风险。构建关键的风险指标体系需要建立在确定风险事件和风险诱因的基础上，对风险事件的特征进行描述。通过长时间或者定期的采集指标和分析指标的异常情况，可以发现潜在风险事件的诱因和表现形式。在实践中也可以为识别风险提供通用标准。

5. 确定风险敞口

风险敞口是指在金融活动中存在风险的部位以及受金融风险影响的程度。风险敞口较具体，也容易计量，是金融风险管理的重要范畴。但风险敞口不同于风险损失，对于已经发生的风险事件，根据风险指标体系确认具体的风险类别，分析风险事件产生的影响和冲击，描述风险损失，确定是直接损失还是间接损失以及事件发生的深层次原因。风险敞口主要涉及承担法律责任、资产损失、核销、监管和税务处罚以及偿还、赔偿等财务影响以及非财务方面的潜在影响。风险敞口的损失程度是采取风险管理措施的基础。

（二）金融风险计量

金融风险的计量是对金融风险水平的分析和估量，包括衡量各种风险导致损失的可能性的大小以及损失发生的范围和程度。风险计量是风险识别的延续。准确评估金融风险的大小对最大限度地减少损失和获取利润都十分重要。

1. 风险计量的基本目的

风险计量的过程比较复杂，在评估的过程中，需要采用量化管理技术和标准框架辅助评估，主要评估的内容包括风险损失对业务目标的影响以及可能发生的特定风险事件。因为风险自身的特点，采用量化模型的方式进行评估比较困难，但是，随着经济社会的不断发展，金融机构越来越意识到风险计量的重要性，所以，大多都会采用各种评估方法和模型技术评估风险、计量风险。

对风险进行排序。比较不同部门和业务的风险，并根据时间序列分析风险，这种做法可以有效帮助专业人员了解整个金融机构的风险状态；在量化风险的过程中，可以将各类风险进行排序，提高商业银行分配有限风险管理资源的效率，并通过合适的风险管理技术减少风险事件的发生。

风险损失的计算。精准地量化风险，并计算风险的非预期损失和预期风险，可以帮助商业银行合理计算持有的资本和消耗的成本，进而有效应对风险损失。

风险资本的合理配置。在评估风险损失的状态时，可以采用风险计量模型，并开发能够将风险测度结果转化为风险资本需求资金的技术，在管理风险的过程中配置资本，有效保证风险资本的充足。

内部控制的加强。精准评估风险，在建立计量标准的过程中，可以针对不同类别的业务和风险建立客观、可比性强的计量标准，进而完善银行内部的控制体系，最终达到有效的风险管理。

为风险管理绩效考核提供标准。风险管理的有效实施可以减少相应的风险经济资本，将银行的经营绩效提高；在员工管理方面，可以激励员工控制风险，在财务核算的过程中，将计入各部门或者业务成本的风险损失降低，并将控制效果计入绩效考核中，进而提高各部门和业务负责人的风险管理水平。

作出风险管理决策。决策部门制定风险管理政策和相关管理部门制定风险控制技术政策的基础是风险计量的结果。精准的结果可以让相关人员在风险-收益的基础上作出合理、科学的决策。

2. 风险计量的主要方法

由于金融风险来自未来的不确定性，涉及多种因素，因而金融风险的测度相当复杂，技术含量很高。各种风险的计量技术一直处于不断发展完善之中。

（1）风险发生的概率评估

从理论上讲，风险发生的概率评估主要有以下四种方法。

①主观概率法。对于没有确定性规律和统计规律的风险，需要通过专家和管理者利用有限的历史资料，根据个人经验进行主观判断来分析和估计概率，这种方法的系统误差较大。

②客观概率法。在估计某种经济损失发生的概率时，如果能够获得足够的历史资料，用以反映当时的经济条件和经济损失发生的情况，可以用统计方法计算

损失发生的客观概率。在使用时，会遇到历史资料收集困难、假定前提不成立等问题。

③时间序列预测法。这种方法是利用风险环境变动的规律和趋势来估计未来风险因素最可能的范围和相应的概率，包括移动平均法和回归法等。

④累计频率分析法。利用大数法则，通过对原始资料的分析，依次画出风险发生的直方图，由直方图来估计累计频率概率分布。

(2) 预测风险结果的评估

在风险管理实务中，预测风险结果通常采用以下三种评估方法。

①在险价值（VaR）。VaR 也可译为"受险价值"或"风险估值"。传统的风险计量方法只适用于特定的金融工具或特定的风险，而 VaR 能够全面衡量各种风险。VaR 是指在正常的市场条件、给定的置信水平和给定的时间间隔内，某项资产或某一资产组合预期可能发生的最大损失。VaR 也可以理解为，在给定的条件和时段里，该资产或资产组合发生 VaR 损失的概率为给定的概率水平。在险价值是现代风险管理的核心内容，但它也存在缺陷，某些极端的、会导致巨额损失的事件，可能不会出现在历史数据集合中，这会使在险价值所反映的数值不够充分。

②极限测试。极限测试是风险管理人员选择一系列主要的市场变动因素，然后模拟目前的产品组合在这些市场因素变动时所发生的价值变化。极限测试关注的是风险的损失金额。

③情景分析。情景分析不仅关注特定市场因素的波动所造成的直接影响，而且关注在特定情况下、特定时间段内发生的一系列事件对收入的直接和间接影响。

（三）金融风险监测

风险监测是风险管理流程的重要环节，对风险的日常控制、动态管理具有重要作用。风险监测是指通过对各类风险指标的日常监控，对风险状况及其控制技术措施的效果进行动态、持续的管理。实施有效的风险监测需要注意两个问题：一是高级管理层必须确保本机构的风险有统一的内涵，同时，设计的监测、评估和报告风险的工作机制应被严格执行；二是这个工作机制应与本机构的业务活动规模和风险承担规模相匹配。

金融风险的监测有垂直系统和横向系统两种方式。垂直系统由宏观（中央银行、各商业银行总行等）、中观（省级银行、商行等）、微观（地级、县级及合作银行）三个子系统构成，其监测的组织形式及风险情况的传递一般有自上而下或自下而上两种。横向系统由各金融机构内部开发的风险监测系统构成，通过量化和建模方法，甄别出风险因素，对其进行早期预防和管理，从源头扼制风险的发生，将损失降低到最低限度。

（四）金融风险管理策略

在完成风险计量后，要确定所采用的风险管理策略。不同的风险可以采取不同的风险管理策略。风险管理策略一般分为控制法和财务法。控制法是指在损失发生前，运用各种控制技术，力求消除各种隐患，减少风险诱因，降低损失。控制法主要包括风险规避、风险分散、风险对冲等。财务法是指在风险发生并已造成损失后，运用财务工具，如损失准备金、存款保险金、风险资本等对损失的后果及时补偿。财务法主要包括风险转移、风险补偿等。

（五）金融风险报告

风险报告是对风险的识别、计量、监测及管理策略效果的综合反映。在金融风险管理中，要建立全面、严格、及时的风险报告制度及反馈制度，对银行面临的各类风险进行研究、分析，并按照相应的报告制度及时、全面、真实地向业务负责人、风险总监（风险主管）、高级管理层、董事会提供风险管理的整体情况，为合理配置资本和制定风险效益战略提供决策支持。各分支机构要确保金融风险管理各环节的记录真实、完整，按时报送风险报告。风险报告至少包括以下信息。

第一，风险的整体状况。这包括风险的主要分布状况、损失情况、重要风险事件及其风险诱因描述。

第二，风险计量和控制的结果。这包括风险指标的敏感程度、识别出的重大风险、揭示机构面临或潜在的关键风险，风险的严重程度和采取的控制措施及执行效果。

第三，资本金水平。在风险报告中，要根据风险计量结果及其变动情况评估风险资本水平，说明资本充足性。

第四，加强风险管理的建议。要针对风险结果提出加强风险管理的对策，提出风险计量及控制方法的修正意见。

风险和不确定性密切联系在一起。金融是现代经济的核心，金融风险与金融相伴而生。金融风险是风险管理的主要对象。金融风险与风险因素、风险事件、风险成本、金融危机、金融安全、金融稳定密切联系，具有不同于一般风险的特征。金融风险的形成既是经济环境的不稳定性造成的，又和金融机构的组织结构以及业务活动密不可分。因此，金融风险管理应建立完善的组织机构，设置完整的风险管理流程。

❖ 第四节　智能化金融风险管理体系的构建

新时代、新理念指引着金融前进的方向，科技金融、绿色金融、文化金融、农村金融等新的金融业态也成为未来金融机构和金融市场的发展方向。加快建立我国智能化金融风险管理体系，以便及时掌握企业受影响情况和应对效果，随时量化掌握可能产生的银行风险，也可以据此设计政府的应对政策，评估效果。具体而言，企业方面通过此系统可以了解到具体的受影响情况，银行方面可以掌握可能产生的风险，政府方面可以制定应对之策。

一、互联网金融大数据人工智能应用场景建设

要实现互联网金融平台的风险管理，首先要进行大数据人工智能应用场景建设。场景是互联网金融平台有效归集信用数据、实现人工智能风险管理的重要依托。没有场景的互联网金融将无法实施有效的风险管理。

大数据的处理需求源于现实的商业需求，随着社交网络、电子商务、物联网

的兴起，越来越多的数据快速地产生，大数据成了信息时代的新能源。数据作为物理世界在虚拟空间中的客观映射，将涉及人类活动的人、事、物都数据化地记录下来。大数据是指其数据量大到无法通过常规软件工具，在可承受的时间内进行捕捉、管理和处理的数据集合。大数据信息应具有新的数据处理模式，这样才能实现数据价值，使数据发挥更强的决策力、洞察力和流程优化能力等资产价值。可见，大数据信息价值体现在数据信息向信息能力的转变上，即运用专业化的信息处理技术，从海量的数据挖掘中发现规律，以对借款者、投资者的未来行为趋势进行精准预测。数据信息能挖掘出人的心理、习惯、收入水平、喜好、性格等非结构性数据，使得参与者了解人的整个经济行为，减少决策的不确定性，进而增强对经济活动的信任。

实现金融整体价值链上的巨大信息的价值是大数据受到重视的首要原因。大数据的价值不仅体现在信息价值上，而且体现在信息的处理速度上，以最短的时间挖掘出有价值的信息是大数据实现商业价值的体现。大数据不仅有利于解决投资者的交易成本问题，而且有利于解决投资者的信息认知问题。大数据技术的场景应用与发展成为互联网金融信用体系建设的核心基础。

"人工智能+金融"使互联网金融利用人工智能应用场景大大改善投资者的信息认知度，提升投资者的市场交易能力。互联网金融的交易模式是"去中心化，去传统银行中介化"的撮合交易模式，其风险管理建设必然需要人工智能技术手段，增加投资者参与的认知体验场景。

人工智能的应用场景必将在互联网金融风险管理建设中得到大的发展和应用，为互联网金融"去传统银行中介化"场景交易奠定大数据信息技术基础，大数据人工智能的应用场景决定了互联网金融信用模式的特征。多种不同特征的应用场景使得互联网金融的信用模式必将是多元的、复合的。

二、符合互联网金融运营特征的大数据风控模式建设

在互联网金融公司的创新发展中，可以看到由于互联网金融运营的特征不同，它的大数据风控模式也有差别，大致分为以下四种模式。

（一）全生态系统的风控模式

全生态系统的风控模式类似于阿里巴巴的风控模式。它是指通过自身系统大量的电商交易以及支付信息数据建立封闭的信用评级系统和风控模型。

目前国内具备大数据资源的代表性互联网金融平台是蚂蚁金服。蚂蚁金服最大的优势是拥有阿里巴巴、淘宝网和其他各类平台上企业和个人的各类交易数据，并且大部分数据都是可以判别客户信用状况的商业数据。企业对该类数据进行有效挖掘和分析，可以准确判定客户风险，进而为交易服务。以蚂蚁金服旗下的网商银行为例，在客户获得申请贷款授权后，网商银行会调取他的交易信息、支付信息及央行的个人征信报告，随后实施大数据风控的四个环节：一是准入模型；二是反欺诈模型；三是授信模型，用来评估申请者能够获得的贷款额度；四是产品分析模型，即根据申请者的不同经营特征为其匹配相应的融资产品和还款方式。除此之外，阿里巴巴通过完善产业链、构造全生态系统，已经可以为客户提供购销、消费、支付、信贷、理财、便民查询、缴费等各种服务。通俗地说，企业和个人日常的大部分交易都可以通过阿里巴巴打造的平台方便快捷地完成，这使客户对阿里巴巴平台形成一定的依赖，客户具备一定黏性。如果客户违约，那么将付出脱离阿里巴巴生态系统的高额成本，所以这在一定程度上也提高了客户的违约成本。

（二）大数据征信共享系统的风控模式

大数据征信共享系统的风控模式是指众多中小互联网金融公司通过贡献数据给一个中间征信机构，再分享征信信息的大数据风控模式。

该模式更适用于不具备大数据资源的特色互联网金融企业。这些企业通过依托整合后的征信系统，创新数据挖掘技术，深耕单一领域，构造自身的优势，实现自身市场价值。如市场上的一些小额贷款公司、网络信贷公司对借款人的信用评级信息需求非常旺盛，催生了若干市场化的征信公司。国内较大的具有代表性的市场化征信公司有北京安融惠众、上海资信、深圳鹏元等。P2P类网络信贷公司积累的信贷大数据包括信贷额度、违约记录等，其缺陷在于数据的数量级别低、地域性强、关联度不够。还有部分平台通过线下采集数据然后将其转移到线上来完善信用数据。这种方式不仅成本高，而且不利于形成大数据风控体系。因此，大数据征信共享系统的风控模式备受一些没有大数据资源优势的互联网金融公司的青睐。

通付盾是一个专业的大数据征信共享风控平台，是由数据科学家汪德嘉博士于2011年创立的，核心团队成员来自央行、VISA（维萨）、Microsoft（微软）、IBM、HP、Oracle、太平洋人寿保险等知名机构或企业。平台整合设备指纹、规则引擎、智能深度学习等多项核心技术，全方位实时监控设备行为，并对设备行为进行多维风险关联分析，精准识别和预测欺诈风险，实时提供跨行业、多场景欺诈风险预警，及时阻断欺诈操作。

通付盾平台与各个中小金融机构或企业进行设备对接，对用户的个人信息（姓名、身份证号、手机号、银行卡号等）进行真实性校验，帮助互联网金融机构或企业降低审核的人力和时间成本。根据不同机构或企业的风控需求，进行信用资质审核，对借款者的借贷历史、消费特征等进行分析，结合海量合规风险数据，甄别借款者是否出现过不良记录，为信贷决策提供可靠的参考依据，以在贷前增强对借款者的还款能力（经济实力）和还款意愿（道德风险）的判断能力。贷中，运用大数据分析技术对借款者的信用行为进行实时监控，一旦出现信用风险（信用不良、信用恶化、借贷逾期）、运营风险（行销欺诈、短信轰炸、系统漏洞）、账号风险（撞库攻击、暴力破解、账号盗用、垃圾注册）、应用风险（高危漏洞、木马病毒、盗版违规、二次打包）等风险问题，及时通过风险信息共享平台进行实时预警。这种风控系统真正实现了跨行业信息共享、联防联控，能有效甄别、控制恶意欺诈风险，帮助信贷机构降低风险、减少资金损失。贷后，当借款者出现失联、违法及其他影响还款能力的情况或在其他平台出现逾期时，通付盾会及时为客户提供预警监控服务，帮助客户规避风险。通付盾在大量多维度、多结构的数据基础之上，通过大数据智能分析，为金融机构或企业提供逾期账户失联信息修复服务，实现逾期催收服务效能，辅助金融机构或企业降低不良贷款率。

(三) 网络社交信任的风控模式

网络社交信任的风控模式是指利用社交网络建立起的社群关系软信息数据，对借款者进行信用评级，以判断信用风险，并利用社群的信誉机制控制信用风险，而不必去关注借款者的信用历史评级。

随着互联网技术与金融的不断融合，把社交行为、消费偏好等个人行为数据引入风险管理的风控体系之中成为必然，因为社交大数据是最了解个人信用情况的，是传统信用数据的必要补充。如 Lending Club 使用 Facebook（脸书）等网络社交平台集合借贷双方的有关信息，进行信用认证、等级划分，参与人根据对方是否是自己的朋友或熟知的人决定是否进行交易，利用群组的力量约束还款，创新风控模式。从根本上看，网络社交信任的风控模式是根据个人的社交、交易、通信、身份、地理位置等社交网络关系数据，来判断个人的信用状况，聚合朋友之间相互信任的信用数据，把借款者分为若干信用等级，而不必依据借款者的信用历史评级来判断信用风险。

(四) 依托人们日常生活行为的大数据风控模式

依托人们日常生活行为的大数据风控模式连接生活服务类网站的大数据，如整合水费、电费、煤气费、有线电视费、电话费、网络费、物业费交纳平台上人们的支出和消费数据，真实地反映个人的信用情况，并根据此类大数据对个人进行信用评级。

这类风控模式最具代表性的是一账通。一账通是平安集团互联网金融战略的重要组成部分，它的建立是希望给平安集团一个通用、整合的账户体系。就这个意义来说，一账通是平安集团互联网金融的核心和基础。一账通将通过账户整合、服务综合、产品组合一体化战略来完善平台布局，通过安全和便捷的方式，整合所有的资产信息，最终为投资者提供信息价值增加的财富管理方案。平安集团将平安金融科技的一账通、互联网服务云平台、前海征信三项核心互联网金融业务"三剑合一"，这标志着一账通从金融和生活资产延展到了虚拟资产，平安集团打造了一个包含"存、投、保、消、贷"五大金融场景的金融产业链的闭环风控模式,形成一个完全开放的在线智能财富管理平台。

总之,互联网金融风控模式不同于传统金融以信用担保或抵押为主的风控模式,它更依赖于大数据环境中的信息价值的作用,所以大数据成为互联网金融风控的最核心的资源。在数据来源方面,越来越多的互联网平台在线动态地收集多元化的信息。例如,一个虚假的借款者信息可以通过分析网络行为痕迹被识别出来,而对于一个真实的借款者信息,则会实时地、动态地进行征信评估,其数据分析的时效性更强,更能体现借款者的现实信用状况。

三、加强第三方存管制度的建设

第三方存管制度被互联网金融行业广泛承认并应用。我国互联网金融发展迅速,但"门槛低、缺规则、缺监管",这暴露出了一些平台问题及风险隐患,主要表现为客户资金安全存在隐患,出现了多起经营者"卷款跑路"事件,平台的内控制度不健全,存在经营风险,所以互联网金融平台交易的资金存管账户管理被提上日程。中国银行保险监督管理委员会要求网贷平台在银行开立网络借贷资金存管专用账户和自有资金账户,确保网贷平台借贷客户的资金和网贷平台自有资金得到分账管理。

第三方存管制度的实施,一是将客户交易结算资金交由第三方存管银行统一存管,使客户的资金具有了商业银行的信用保障,确保交易双方的资金兑付和资金安全,使投资者更放心;二是有利于防范客户资金被挪用,交易资金封闭运行,存取款行为均由客户自行进行银证转账,客户支取的交易结算资金只能回到事先指定的同名银行结算账户;三是有利于投资者监控资金的安全,存管银行将为投资者提供账户多路查询服务,客户借助存管银行和互联网金融平台提供的双重查询手段和对账机制,能有效监控其资金的使用情况;四是多家银行参与互联网金融的存管业务,有助于形成良好的存管业务竞争机制,降低存管成本。

四、实施投资者适当性管理及建立风险商教育机制

从保障投资者权益的角度来看,对投资者进行风险评估,实施投资者适当性管理成为各大平台探索风险防范的主要方向。大力推进投资者适当性管理的意

义：一是投资者适当性管理是打破刚性兑付的条件，投资者适当性管理要求借款者风险等级与投资者风险承受能力之间精准匹配，避免不当借贷行为，要求借款者披露风险信息，帮助投资者在信息相对充分的条件下做出自由选择和判断，并承担投资行为的风险，从而打破刚性兑付的魔咒。二是投资者适当性管理是落实投资者保护的重要手段。不同投资者对市场的认知、产品的理解、风险的承受能力存在巨大差异，投资者处于信息相对弱势地位，这决定了构建投资者适当性管理体系的必要性。依据不同投资者的特点，匹配合适的产品，对于保障中小投资者权益、引导市场健康有序发展具有重要意义。三是投资者适当性管理是实现普惠金融的重要手段。因为进行投资者适当性管理，可以利用大数据、人工智能，较全面地了解投资者财务实力、风险偏好、风险认知水平及投资经验等，从而判断投资者属于哪种类型，适合什么样的投资产品，使更多的投资者有机会参与投资，实现互联网金融普惠的意义。投资者适当性管理有以下两个要点。

（一）投资者适当性管理要求投资者具有一定的风险商

风险商是一种准确估算概率的能力，是投资者应对不确定性的一项技能。投资者的风险商高，说明投资者实现正确评估的能力高；反之，说明其实现正确评估的能力低。

投资者风险商教育是金融市场培育合格投资者的基础性工作。要提高投资者的风险商，首先，应引进专业教育机制，要求投资者参与投资前进行专业的知识培训，加强对投资者的信息处理和分析能力的教育，让投资者了解自己；其次，建立小范围、反复的投资者实践模拟培训机制，对投资者的风险意识进行及时反馈，以提高投资者投资的能力；最后，建立投资经验分享平台，以提高投资者对更广泛领域投资的兴趣，并分享投资经验与风险思维。

（二）投资者适当性管理要注重开发适当性管理系统

客观实力维度，主要考量投资者的基本信息、资产信息、投资行为、消费行为等，并通过大数据、机器学习等新技术，更为精准地评估投资者的客观实力；主观风险偏好维度，主要考量投资者的投资规划、投资经验、风险认知水平、风险敏感度等，可以利用问卷与大数据结合的方式，更多地结合心理分析对投资者的主观风险偏好进行评估。综合客观实力和主观风险偏好两个维度的得分，获得投资者最终的风险承受能力等级。这个风险承受能力等级仍需要资产管理机构动态地维护，应随着投资者客观实力和主观风险偏好的变化而定期检视。

第五章 金融体系风险的生成传导与预警评估

❖ 第一节 金融体系风险的生成与传导机理

一、金融体系风险的生成机理

（一）开放经济体的内源性金融风险

开放经济体的内源性金融风险，理论上可以分为宏观金融风险和微观金融风险。这两者在风险主体、形成机理、经济社会影响以及风险管理等方面都有明显的区别。微观金融风险的主体是微观机构，宏观金融风险的主体是国家，或者说是整个社会公众。

1. *微观经济个体——个人*

在有效市场条件下，筹资的成本和资产的价格充分反映了经济个体对信息的理解和基本价值判断，没有人能持续地获得超长利润，金融风险主要来自不可预期的基本面变化，如利差、GDP、CPI、无风险利率、汇率等基础性因素变动的非预期信息是金融风险的源头之一。

而在非有效市场条件下，除了基础因素的影响外，社会个体尤其是个人的信息不完全、有限理性、非均衡行为、寻租行为、机会主义等行为模式在很大程度上会引发频繁且非理性的金融行为。在所有的非理性市场中，单个个体的心理偏差的作用仅仅对个体产生作用，从而成为该个体区别其他个体的行为特征基础。在特定的市场条件和内在心理的作用下，一些心理偏差可能会在更大的范围内，具有这些相同心理特征的群体之间同时发生作用。一旦这类行为被数量和规模足够大的群体所感染和控制，并在市场中散布传播时，羊群效应所引发的群体性的非理性行为就演化为整个市场的非理性波动风险，从而导致金融资产价格的过度波动或者金融机构、金融市场受到牵连，市场难以形成稳定的预期，金融经济体处于经常性的动荡之中，从而引发金融风险。

2. 微观经济个体——企业

现代企业的经营活动与金融体系密不可分，其商品价值的实现也伴随着巨大的不确定性。对于企业而言，企业的产权行为、融资行为、投资行为、组织行为等经营行为是决定企业经营状况的关键，因而成为企业经营风险转化为金融风险的重要因素。因此，公司经营的一举一动，都与金融风险有着密切的关系。市场基本要素的价格，如：汇率、利率、证券价格等变动是企业经常遭遇的金融风险源。由于外汇市场供需、货币发行国整体经济情况及货币购买力平价等因素导致汇率波动的不确定性和难预测性，直接导致外贸企业的外汇资产和负债受到一定程度的影响。

企业的筹资活动也与金融市场密切相关，在筹资过程中的风险如不及时得到控制，将会给企业未来筹资和经营产生影响，也容易转化为金融风险。在筹资过程中经常发生的一种情况是企业理财不当，或者是资本结构安排不当，以及债务期限结构不合理，从而导致在特定时点上，现金流出现负数，造成不能按期支付债务本息的风险。另一种更为严重的情况是由于企业收不抵支，从而导致到期无法偿付债务本息的风险。

（二）开放经济体的外源性金融风险

除了内源性金融风险之外，在开放条件下，金融经济所受到的冲击还可能是来源于外部经济体。尤其是在贸易全球化、金融产业全球化大背景下，从宏观层面来看，除了一国金融体系以及实体经济本身的问题，源于一国外部的因素，如石油价格冲击、技术进步、世界格局调整、国际债务问题和经济政策失误等，这些都会改变一国或地区乃至世界的经济格局，通过贸易、金融等多种渠道引起金融不稳定；从微观经济层面看，如旅游冲击、大公司破产、金融机构危机等，也会挫伤不同国家投资者的市场信心，并影响多国的金融稳定；而且，外生冲击还可能源于其他非经济层面，如政治事件和自然灾害等，它们在某种程度上能够诱发金融不稳定，这些不稳定因素也是金融风险的重要来源。

从整体上看，这些引发历次危机的金融风险都经历了一个从微观逐步扩大到宏观、从部门传导和传染整个经济的过程。如果考量一种金融风险是否会引发一个经济体出现危机，应根据本身的具体情况进行风险评估和预警，不能仅限于单一部门，需要从更宏观角度的各种风险都进行预测和预警。

二、金融风险的传导机理

伴随着经济全球化的加深，在开放条件下国际金融发生着日新月异的变化，日益扩大的金融风险严重威胁到各种经济体的生存和发展。金融风险产生后，风险源如果未被及时化解而长期积累，就会通过一定的对象和载体，沿特定的传导路径发生传导和扩散，并且达到一定强度，构成金融风险的传导。金融风险经过这一特定的机制积累并加剧，进而可能引发金融危机。通过分析金融风险的传导机制，可以采取有效措施隔断金融风险传导的渠道，缩小金融风险影响范围，从而控制金融风险。

（一）金融风险的传导条件、原因与层面

金融风险产生后，因为似乎影响不大而被忽视，未被及时发现和化解，经过一段时间的积累之后，就会通过一定的对象和载体，沿着特定的传导路径发生传导和扩散。当然这种传导也需要具备一定的先决条件。

第一，金融风险达到传导所需的临界值。金融机构在进行各种活动的金融活动时，虽然会产生一定程度的金融风险，但是这时候产生的金融风险并不一定立刻就进行传导。金融机构的特殊性决定了它在进行经济活动时产生风险的必然性，但是金融机构具有一定的风险消化能力，金融风险在金融机构内部不断产生，不断积累，不断被化解，又不断产生、积累、化解。只有当金融风险积累到一定程度，超出金融机构自身的风险化解能力的临界值时，金融风险就会像膨胀爆破了的气球，开始向周围传播。例如商业银行无论是吸收存款，发放贷款，都伴随着一定的风险，并不是某一个债务人无法偿还贷款，就会造成风险的爆发，

而是当不良贷款累积到一定程度，银行无法利用坏账准备等必要的防范手段来化解风险，风险就会开始传染。

第二，被传导的对象与风险源有密切的关系。在这里，我们把造成风险传导的罪魁祸首称为风险源。现代金融活动不再是封闭的、单一的活动，而是开放的、复杂的活动。金融活动的各种参与人之间通过金融联系、贸易联系等而紧密的联系在一起。金融风险的传导并不是漫无目的的，它通过载体首先将风险传给关系密切的国家或地区的参与者。因为风险源的金融资产价格在大幅度的下降、资产收益率下降、债务无力偿还时，一方面会通过相关业务造成联系紧密的金融机构收不到贷款，资产状况恶化；另一方面，公众有这样一种心理：风险源一旦产生风险而无法消化，受害的首先是其联系密切的、业务往来频繁的机构，那么这些联系密切的金融机构必然逃脱不了感染风险的厄运。在这种心理预期下，公众会失去对这些金融机构的信心，预期这些金融机构很快会产生相同的风险，此时这些金融机构的金融资产变成烫手的山芋，面临着大量抛售、价格狂跌的境地，风险便由风险源传染给联系紧密的金融机构。

第三，信息的高速流动。信息具有时效性、传递性、共享性等特点。信息的传递性、共享性决定了信息不具有排他性。开始一部分参与人根据市场信号，在头脑中加工，对金融风险作出反应，信息的传递性决定了信息不可能为某一人或某一部分人所独有。市场参与人获取信息，分析信息，消化信息，对信息作出反应，势必对金融风险的传递起到推波助澜的作用、效果。如今，互联网的应用和开放的经济环境，信息不再局限于狭小的空间和地域，信息的传递不再有障碍，市场参与者得到信息比以往更加迅速。一国或某一金融机构发生金融风险，金融资产价格连续波动，收益持续下降，信息能够在国内和国际快速传播，众多市场参与人根据既得信息对金融风险作出反应，风险随着信息的流动而传导。

第四，金融市场一体化。在开放条件下，经济全球化使得资源配置更加优化，资源利用效率提高，金融市场也趋于一体化。金融市场一体化让每个国家金融市场更加紧密，其关联性和互动性提高，为金融市场风险的传导提供了基础。

第五，金融体系不完善。金融自由化是美国经济学家罗纳德·麦金农（Mckinnon）和爱德华·肖（Shaw）在70年代针对当时发展中国家普遍存在的金融市场不完善,资本市场严重扭曲和患有政府对金融"干预症",影响经济发展的状况提出的。政府采取金融自由改革和放松监管在一定程度上解决了政府过度干预和金融抑制对经济的不良影响。但是在自由化和放松管制的同时,市场纪律建立不完善,制度漏洞层出不穷,往往会引发各种问题。金融监管的不完善在一定程度上助长了唯利是图投机者谋利的动机,钻了金融监管的漏洞,成为金融风险传导的影响因素之一。

(二)开放条件下金融风险传导的原因

金融风险产生之后,风险源如果未被及时化解而长时间积累,就会通过一定的对象和载体,沿着特定的传导路径发生传导和扩散,并且达到一定强度,构成金融风险的传导。目前对于金融风险的传导原因,主要基于三个方面。

1. 心理因素

人们的心理因素导致了金融风险的传导。经济繁荣时期,投资、信贷等迅速扩张,股票价格、房地产价格快速上升,人们陶醉于繁荣的景象,这种陶醉感会从一个市场向另一个市场传播,经济泡沫愈加膨胀,最后以危机的爆发而强制解决。

2. 金融市场的关联性和互动性

随着全球经济一体化和金融自由化的发展,金融资产价格的波动会通过金融市场进行传导。外贸和金融在货币和收入效应(通过伙伴国经济增长减速)构造了一个新的度量贸易联系方法,同时通过普通信贷渠道(用 BIS 数据)和股票市场相互作用来度量金融联系,他们发现,在标准的经济因素,如货币值高估、经常账户失衡等的影响下,金融联系增加了危机传导的可能性。例如贸易联系对危机传导却意义不大,但是当贸易联系与经常账户相互影响时它对危机的国际传导就变得十分重要了。

3. 从众心理、羊群行为

从众心理、羊群行为也是金融风险和金融危机传导的助推力。通过研究货币危机爆发提出,政府的宏观经济政策与稳定的汇率政策之间的不协调,以及政府对金融机构的免费担保，使金融机构具有很强的投资欲望而很少考虑投资项目的贷款风险，造成投资过渡、资产泡沫破灭，再加上投资者的预期及金融市场上的道德风险的存在，使金融风险愈演愈烈。

对于金融危机的扩散和传递，恐慌心理的传播是金融危机传递和扩散的重要动力；不同类型金融市场的关联性、互动性是金融危机传递和扩散的重要机理；某些国家和地区之间经济结构现实性是经济危机在不同地域之间传递和扩散的重要媒介；某些国家之间的经济关系过于密切形成金融危机在不同国家中之间传递和扩散的纽带；国际间金融协调与干预机制跟不上国际金融业发展的步伐，为金融危机的传递和扩散提供了有利条件。

（三）开放条件下金融风险传导的层面

金融风险的传导过程分为两个层面：一是风险在不同市场或不同领域之间的传导与扩散过程；二是风险在不同地理空间上的传导与扩散过程。本部分内容将从微观、中观、国际层面来分析金融风险传导的层面。

第一，微观层面：金融机构内部与金融机构之间的金融风险的传导。

最开始金融机构内部产生的风险是微小、温和的，但是由于金融体系监管不完善、信息不透明、风险隐蔽等，对其识别具有一定的困难，使金融风险具备了滋生和生存的温床。当风险累积到一定程度，便开始在金融机构内部传导。以银行为例，银行信贷部门在发放贷款时，由于信息存在不对称性，很难保证贷出的每一笔贷款都能收回，因此发生资产损失的可能性总是存在。当企业由于自身原因，不能偿还贷款，企业的风险便传导到与其联系密切的银行信贷部门。如果贷款不能及时全额收回，银行就会产生不良资产，不良资产达到银行能够自行消化的临界值时，会造成银行资产不佳、收益率下降。如果此时，银行大部分债务到期，其信用风险将在银行内部各部门之间进行传导。

现代金融系统下金融机构不再是独立的个体，而是相互联系、相互影响。金融风险产生后，由于风险源与金融体系的密切关系，在金融风险的传导中，除了金融风险本身的特殊性以外，金融机构本身的问题又加剧了这种传导。

第二，中观层面：行业与行业之间金融风险的传导。

证券市场中证券价格的大幅度下跌，通常会造成银行体系的不稳定，严重时，证券市场中的风险会过渡到银行体系，导致银行的危机。然而，行业与行业之间金融风险的传导并不局限于证券行业向银行行业的传导。金融行业风险的传导是双向的。由于信息不对称造成逆向选择等原因，银行难以识别借款人的偿债能力和有效监督借款人的行为，从而使违约率高的借款人借入资金投向股市和房地产等高风险领域，以期取得高回报，这种情况的存在使得银行的资产风险暴露于市场。证券市场瞬息万变，当借款人遭受严重损失，银行就面临着大规模贷款不能按期归还的风险。另外，混业经营使银行为追求利益而参与证券业，证券业不仅是高收益行业，也是高风险行业。作为机构投资者，银行的过度介入，会加剧证券市场的波动，容易形成证券市场的泡沫。无论银行还是证券行业任何一方的风险，都会给另外一方带来影响，甚至会导致行业的崩溃；而且金融机构之间有着千丝万缕的联系，如银行同业拆借，银行同业支付清算系统，再贴现等将所有银行联系在一起。一旦行业中某一个金融机构发生金融风险，由于存在高度联系与相互依赖，行业中的每个联系都会受到风险的波及。

第三，国际层面：国际与全球金融风险的传导。

一国发生金融风险后，投资者对其他类似国家金融风险的心理预期变化和投资者信心造成危机造成的投资者情绪的改变是金融风险的主要传导机制。贸易溢出是影响投资者心理预期的主要因素。溢出效应是指一国或某市场的投机性冲击造成本国或市场的经济基本面受到冲击的压力。它的实现主要依赖于国与国或者市场与市场之间的经济贸易、资本市场之间的相互联系，从而出现短期互动现象。因此，当一国发生危机通常会导致本国货币贬值，从而使得该国出口竞争力增强，对其贸易伙伴国的出口增加而进口减少，导致贸易伙伴国的贸易赤字增加，经济情况恶化。

开放经济环境下，现代化的信息传输方式及金融自由化极大地加快了全球金融市场上信息和资本的流动。当一个国家或联系紧密国家存在金融风险时，即使其他国家同这些国家不存在直接的经济联系，也有可能无法形成风险隔离，造成风险感染，即"净传导"——一种特殊的传导形式。当传导的强度足够大时，市场的传导机制会发生结构性变化，从而特定国家的冲击演变为全球性的冲击。

（四）开放条件下的金融风险的传导机制

值得深思的是，在相关金融市场的开放和国际金融全球化及国际金融市场一体化的背景下，这些风险所引发的危机常常并不局限于一国国内，呈现出区域性和连锁性，而且扩散的频率也在加快。因此，金融风险的传导并不仅仅包括在一国国内的传导过程，也包括通过各种渠道向一国外部传导的过程。本部分内容中所指的金融风险传导过程是指在国际经济学的框架下由于许多原因，比如资本抽逃、利率变动、外汇贬值、通货膨胀，同时或相继遭到投机性攻击以及国家间宏观经济政策的博弈等，通过贸易或资本市场等的往来以及对人们心理预期的影响等，对本国、本地区及其他国家和地区造成影响，导致他国出现金融风险或原有风险加大的现象和过程。金融风险产生后就会在金融机构内部、金融机构之间、金融市场之间乃至实体经济之间沿着特定的路径传导，而且金融风险在不同国家之间的联动也通过国际贸易往来、国际资本流动、金融市场的跨国关联，甚至国际间的政策协调等机制，相互交错，从而形成金融危机特有的传导路径。

金融风险的传导过程，是由投机者、本国公众、本国政府、外国公众、外国政府和国际组织等多方参加的多方非对称信息的动态博弈过程。风险的形成和传导必然导致博弈各方的实力对比、利益格局和所获信息的变化，而这些变化又将导致博弈均衡的变化，从而导致风险的迅速传导和扩散。

现代金融风险的传导和扩散表现了各种传导机制综合作用的结果，这些传导既包括直接的接触性传导，也包括间接的非接触性传导。接触性传导是特定的相互直接或间接经济联系的渠道使得金融风险从一个对象传导至另一个对象，例如存在债权债务关系的银行破产将导致债权人银行风险的加大，一个国家的危机直接导致与之有密切贸易往来的国家的危机出现等。而非接触性传导的对象之间虽然没有直接的经济联系，但因为金融风险发生后，其他主体预期到类似金融风险的存在，进而采取措施，导致被传导对象的金融风险加大，例如某市场上单个的银行出现令人关注的金融风险时，可能导致其他投资者对类似的没有经济联系的其他银行或金融机构失去信心，进而引发挤兑风波，导致其他银行乃至其他国家的银行发生金融风险，这种传导过程并不是直接的，而是间接的。

为了具体分析说明开放条件下金融风险的国内和国际传导机制，本部分拟从金融风险的直接接触性传导机制和间接非接触性传导机制以及政治文化传染三个方面来分别加以说明。

1. 金融风险直接的接触性传导机制

直接接触性传导机制包括：贸易溢出传导机制和金融溢出传导机制。

第一，贸易溢出传导机制。

在各种经济交往中，贸易和依附于贸易的资金流动是密切相关的，通过贸易途径实现金融风险的传导是轻而易举的。

贸易溢出是指一国投机性冲击造成的金融风险加大恶化了另一个或几个与其贸易关系密切的国家的经济运行基础，从而可能导致另一个或几个国家遭受投机性冲击压力，金融风险也随之加大。

首先，我们分析一下直接的双方贸易传导机制。例如，有相互贸易往来的两个公司，如果 A 公司（债务方）的资金流动不畅，无法支付 B 公司（债权方）的欠款，将使 B 公司的呆坏账增加，从而增加 B 公司的金融风险。同样，对于一个国家，如果该国金融风险加大导致该国货币贬值，那么该国的商品的出口竞争力增强，对其贸易伙伴的出口增加而进口减少，将直接导致贸易伙伴国的贸易赤字增加，外汇储备减少，进而损坏贸易伙伴国的经济基础，从而引发投机者的冲击，加大该国金融风险。这种传导机制都是通过直接的双边贸易渠道发生的金融风险的传导。此外，贸易溢出效应传导机制导致金融风险传导的最明显表现是竞争性的贬值过程，尤其是在多边贸易中，被称为多边贸易传导机制。还是沿用上例，这里增加一个 A 公司的竞争对手 C 公司。A 公司为了加速资金回流，采取降价销售的策略，竞争对手 C 公司出于竞争的压力，很可能被迫降价，从而很可能给自己带来风险损失。同理，由于多个国家在同一市场存在竞争，一个国家的金融风险引发的危机导致其货币贬值，降低了与其竞争同一国际市场的另一个国家的出口竞争力，为了保持竞争力，一国发生货币贬值，与该国有贸易联系的国家或其竞争对手都有贬值的预期和冲动。投机者预期这个国家的货币也很有可能会贬值，从而进行货币攻击，加剧这个国家的金融风险。

由此可见，每个贸易的参与者被迫使用的降价或贬值方法不仅可以作为政策工具减少对参与者本身经济的冲击,而且也可以作为应对手段来抵消其他参与者降价和贬值的负面影响,从而引发人们对前一个参与者降价或贬值的预期,采取相应的行动,形成引发恶性循环导致整个外围参与者的风险进一步加大。由此,使金融风险进一步进行传导。

第二,金融溢出传导机制。

金融溢出传导是指一个部门或市场由于金融风险发生作用而引起的非流动性问题导致另一个与其有密切金融联系的部门或市场的非流动性,使得后者金融市场风险加大的过程。包括直接型传导和间接型传导:直接型传导是指两个部门或市场之间有直接投资关系;间接型传导是指两个部门或市场之间虽无直接投资关系,但均于第三方的部门或市场有联系。将这种效应引申到国家层面,也是同样的道理。例如一个国家发生投机性冲击导致的货币危机可能造成其市场流动性不足,这就迫使金融中介清算其在其他市场上的资产,从而通过国际资本流动渠道导致另一个与其有密切关系的金融市场流动性不足,而引发另一个国家大规模的资本抽逃行为。

对于金融溢出传导过程,不同学者从不同的研究视角和研究重心提出了不同的解释,具体而言,主要通过金融机构(主要是银行部门)的借贷和债务、投机者的投机行为和资本市场投资组合三种渠道进行传导。

首先,通过银行部门的借贷和债务渠道传导。银行作为最重要的金融机构,在经济中衔接着资金的盈余方和稀缺方,与实体经济部门、其他金融部门及市场都有密切联系。银行的多边借贷和债务将通过其庞杂的系统和网络,将多重的债权债务关系交织在一起,一旦一家银行金融风险加大,很可能通过这一复杂共生的网络将风险传递给有密切金融联系的其他实体、金融部门和机构。与此同时,银行间的多边支付系统又可能通过相互交织的密切联系,将金融风险传递到整个银行系统内部,从而有可能酿成前面的流动性危机。这种效应被称之为"共同贷款者效应"。

其次,通过投机者的投机行为渠道传导。投机者逐利行为一般都遵循跟踪和把握金融市场交易价格波动的趋势,实现"低买高卖"的原则,这对于调节市场资金的余缺,价格发现都有一定积极的作用,但负面影响也较大,尤其是数量庞大的投机资本一旦对某一市场发起冲击，加上羊群行为效应的进一步推波助澜，金融风险也将成倍放大；特别是以国际游资为代表的投机者巨额资金的跨国运作所引起的大规模的国际资本流动可能对一国的经济带来严重的冲击，从而激活投机冲击，加剧溢出效应。其负面作用具体表现为以下几个方面：一是游资的投机性操作引起某国汇率异常波动，最终可能扭曲汇率水平；二是游资在某国大量的进出造成外汇储备的大增大减，导致股票市场剧烈震荡；三是游资的迅速移动，往往与各国的货币调控政策呈反向的作用，例如，当一国为抑制通货膨胀而提高利率时，国际游资就会大量涌入，迫使该国被动增加国币量，加剧通货膨胀，从而增加货币管理当局稳定经济的难度，影响该国宏观调控的预期效果。

再次，通过资本市场的资产重组和渠道传导。一般来说，投资者对于投资活动所最关注的问题是预期收益和预期风险的关系。为了化解风险，增加收益，投资者或证券组合管理者往往力图建立一个有效组合规避个别风险，即为了避免单个公司投资回报不确定性，在市场上为数众多的单个公司证券中，选择若干公司股票组合起来，求得单位风险的水平上收益最高，或者单位收益的水平上风险最小的投资策略。当然，如果组合中的单个资产的风险如果分散不当，将导致这些形态多样的风险的相互关联、交叉、渗透，共同作用于资产组合，从而对新组合的集成风险产生叠加和放大效应，从而导致风险的传导。

2. 金融风险间接的非接触性传导机制——信心渠道

与接触性渠道不同的是，非接触性传导是指与金融风向和危机始发部门的实质经济联系非常弱或者根本没有联系的部门的金融风险加大与危机程度加深。尽管现有的各种理论体系研究重心有所不同，但他们都认为心理预期和信心的变化以及由此而产生的金融活动和各种贸易活动形成了金融风险传导的主要路径，理论界俗称为"纯传导"机制。其主要作用机制又可以分为由信心和预期的变化而引发的金融传导效应和贸易季风效应。

第一，信心和预期的变化而引发的金融传导效应。

现代经济学理论认为，由于经济预期的不确定性和信息不对称性，再加上人的理性是有限的，从事经济活动的人天生具有趋利避害的倾向。金融传导效应是指金融风险发生后，与金融风险和危机始发部门的实质经济联系非常弱或者根本没有联系的部门由于心理预期的变化，通过各种交易规避风险却引起本部门金融风险加大，危机加深，尤其是具有相似性的部门或经济体更易于引发风险的传导和危机的产生。

随着金融市场上机构投资者的资金规模和影响力的不断增加，委托代理现象日趋普遍，这是金融市场易于发生羊群行为的一个重要原因。世界资本市场规模不断增加且日趋复杂，收集相关金融信息的成本会相应加大，这些代理人在面临信誉成本和其他激励的情况下，会模仿市场上通行的资产组合，因此，他人的信息或者行为就可能引发羊群行为。再加上理性投资者对所获知的信息采取对策的相似性与同时性，羊群行为产生的效应将进一步加大，从而使与风险初始部门完全没有联系的部门或经济体受到攻击，风险加大。

第二，信心和预期的变化引发的贸易季风效应。

尽管各国的产业政策与产业结构虽不尽相同，相互之间也没有直接的关系，但都力图采取措施加强本国产业的国际竞争力，并鼓励出口产业的发展。结果各国的出口产业和全球的生产能力都在急速扩大，出口产业直接的竞争把本来没有直接关系的各国经济紧密地联系在一起，这样，一国发生的金融风险和危机就很容易通过进出口产业进行传递，于是出现了金融风险的产业联动传导机制。产业联动传导机制主要通过对存货的调整和对产业结构的调整两种途径进行作用。一旦企业出现金融风险导致资金流动不畅，存货增加，企业将加大幅度减少生产，势必造成原材料采购的减少，于是就可能导致供应商缩减生产，从而把更多的厂商和供应商卷入危机中，并由此引发信贷链条的断裂和导致金融风险的进一步加大与蔓延。与之相似的企业由于出现了不好的预期，市场信心不足，处于谨慎性动机也将缩减生产和采购，从而将进一步引发社会上信贷链条的断裂和导致金融危机的发生与蔓延。于是原本没有联系的两个企业和产业之间实现了风险的传导过程。同样，在发展阶段和产业结构方面与金融风险和危机发生国家和地区十分相似的国家和地区，投资者也往往怀有相似的预期，国际资本对这些国家和地区的市场所进行的类似的投机性冲击和规避性撤离也容易引起这些国家和地区金融市场的动荡不安，从而引起金融风险和危机的传导。

3. 政治传导与文化传导

除了通过金融和贸易渠道的传导外，政治和文化的改变也会带来预期和信心的改变，使得金融风险也可能通过政治和文化进行净传导，引发政治净传导和文化净传导。

第一，政治净传导。

政治传导是指一国在发展战略上对政治目标和经济目标进行抉择时，如果一国政府认为其政治利益大于经济利益，该国政府就会选择政治目标。例如，投机者根据该国的历史政策、宏观环境和决策偏好做出相反预期而对该国货币发起冲击的情况下，当事国政府往往被迫改变发展策略。在一定范围内，投机者预期到与危机国环境相似的国家会采取同样的政策，从而市场投机向这些国家扩展，金融风险和危机在区域之间传递。

第二，文化净传导。

文化净传导是指投机者会预期有着相似文明、文化背景的不同国家在经济政策的取向、处理方式和方法等方面具有一致性。因此当这些国家中的某个国家出现金融动荡、汇率波动等金融风险时，投机者会认为其他具有相似文明、文化背景的国家在受到攻击时也会采取同样的一系列措施，在这种预期下导致这些国家的货币受到攻击，金融风险和金融危机发生传导。

❖ 第二节 金融体系风险的预警评估

金融危机是外生性冲击和金融体系脆弱性共同作用的结果。一般认为，金融危机爆发前都存在明显的金融风险积累，而这种积累的过程通过经济、金融指标的异常波动表现出来，因而这些指标可以作为现有金融体系健康和稳定分析的基础。尽管识别和衡量金融风险预警指标的研究近年来取得了实质进展，但目前，对这一领域的知识与认知还相对有限，仍尚未形成可以被普遍接受的指标体系；特别是在不同的区域之间，并没有能同时为几个不同区域所接受的系列指标，即使在临近的区域范围内，不同的研究、不同的机构也没有完全相同的衡量指标体系。这主要是因为不同的国家具有不同的经济结构和金融体系，而且一个国家的经济形势和金融体系也在随时间的变化而变化。对于中国而言，这种结构的变迁和经济形势的变化更加明显，这使得指标体系的选取更加不可能照搬别国研究或完全依赖已有的研究结论，而应根据区域金融风险的动态表征选取有效的单个和综合系列指标体系，以此增强指标的覆盖率、周期性、实效性和公共数据的可获得性。

一、金融稳定框架下的金融风险预警

（一）对不同层次金融风险源的识别

在现实生活中，金融风险的源头广泛，既有来源于微观个体的金融风险、来源于中观金融行业的风险，也有来源于金融基础变量，如利率、汇率、股价、政府政策等变量变动的宏观金融风险。由于中国经济本身面临着各种历史遗留下来的和新产生的潜在的问题，内部的金融风险，如市场投机行为充斥、银行不良贷款、金融市场不够完善、监管体系尚待健全等，本身存在的各种金融风险就不容忽视。

除此之外，中国加入 WTO 迫使中国市场面临产权、企业治理、证券市场体制模式的变迁和资本市场的全面开放。在开放条件下，尤其是在贸易全球化、金融全球化的大背景下，从外部看，中国外部的因素如世界石油价格冲击、技术进步、世界产业格局调整、国际债务问题和他国经济政策失误等，这些都会通过贸易、金融等多种渠道引起金融不稳定。从内部看，如游资的冲击、大公司破产、金融机构危机等，也会挫伤不同国家投资者的市场信心，并影响中国金融体系的稳定；而且，源于其他非经济层面，如政治事件（恐怖主义、战争）和自然灾害（地震、洪水）等外部冲击也可能在一定程度上能够诱发金融风险，这些不稳定因素也是金融风险的重要来源。

在开放条件下，由于我国经济本身面临着各种潜在的问题，加上外部冲击的频繁及市场开放进程加快所带来的成长的困境，在当前金融危机蔓延的背景下，我国受金融危机传导的可能性增强。因此有效的避免本国金融风险的加大和外来金融风险对我国的传导,根据这些风险的不同特性和传导途径设立预警的指标,建立适合我国金融危机的预警机制模型,将金融风险置之于广泛的联系及传导中,才能全面监测和衡量金融风险,从而达到控制和防范金融风险的目的。

(二) 金融稳定框架下的金融风险预警思路

从爆发金融风险的源头来看,金融风险既是静态的也是动态的,是时间以及其他诸多状态变量的函数。随着时间的推移,金融体系状态的改变等外部环境的变化,金融风险也会发生相应的改变。因此,如果单从静态角度去分析单独的金融风险,显然不够科学。因此,一旦金融风险发生,引起一定金融、经济指标发生变化,适时的预警当然是必要的,但更为重要的是指导经济体相应的部门对那些金融风险源头进行调整和监控。不仅如此,还要通过金融风险的传导预警机制对金融风险的传导渠道进行分析和预警,从而指导相关部门防控和切断金融风险的传导和传导渠道,达到维护金融稳定的目标。经过一番调整之后,金融体系对金融风险的承受度将提高,那么对可能引发未来危机的各种预警参数就需要相应的调整,才能达到动态预警的效果。

准确地说,金融风险预警系统并不仅仅是预测金融危机什么时间爆发,通过以往的数据分析判断金融风险的发生往往也是不准确的,通过分析各种金融风险指标的静态和动态情况及其相互联系,揭示金融风险的产生和内外部传导可能性,由预警系统发出预警信号,提示需要重视的风险源,及风险积累状态,为相关部门采取风险防范和风险减缓措施提供参考,这样就能动态掌握金融体系的风险状态,将风险置于严格的监控之下,防止风险的积累,为维护金融体系的稳定服务。概言之,基于金融稳定框架下的金融风险预警分析框架。

二、金融体系综合风险指数的构建

为了能够获得区域金融数据的客观概貌,可以尝试用可观察的包括宏观经济和金融变量的时间序列或资产价格波动性构建综合金融风险指数,并以此为基础,通过相关性检验等实证分析方法与工具,选择能够有效表征区域金融风险的预警指标。这样处理主要有三个方面的优势:

第一，可以获得连续的时间序列来表征区域金融风险的概貌。一般的涉及金融危机的相关研究中，常常以简单的二元变量表示危机爆发与否，没有包括极端指标值之间的各种风险状态，这不仅无法有效刻画金融风险的严重程度，也由于危机爆发次数有限，在数据样本的选取方面存在较大的难度，因而大多数的研究是选择多个国家在一定时间段的危机作为研究对象，而忽略了不同区域在经济、金融机构方面的差异性，不能突出金融风险概貌的区域间差异性。

第二，可以获得区域内包括各个子市场的综合风险评估指标。随着国内区域金融市场的不断完善和金融改革的不断深化，中国已经建立起了以银行部门为核心，包括债券市场、股票市场、外汇市场等在内的较为完备的金融体系。金融风险来源变得多样化，不仅仅局限于银行部门和外汇市场，而且银行部门以外的其他子市场对金融风险的影响也越来越大。一般的研究在预警指标的选取时往往只考虑单个市场，如银行部门或股票市场、货币市场，并以单个市场危机爆发来判断指标的有效性，不能系统性地评估区域内整个金融体系的风险状况，指标选取也往往存在覆盖率不高的缺陷。

第三，可以形成连续时间序列，能够体现区域金融风险的变动趋势。随着我国金融业市场化水平和对外开放程度的提高，金融机构间的竞争加剧，影响金融风险的因素不断增加，各种因素的影响力及其相互影响也在不断变化，外部因素影响也成为区域金融风险的一个重要来源。如何衡量和预测区域金融体系的变迁以及由此带来的金融风险来源多元化，成为区域金融风险衡量中的关键问题。以多个市场的脆弱性合成综合金融风险指数不仅能获得金融风险的全貌，也能动态反映金融风险的变动趋势，同时也可以从多个金融市场的风险变动状况了解风险的主要来源及其变化，以此为基础选取的预警指标就具备一定的实效性和前瞻性，并能根据不同风险来源动态调整风险预警指标。

（一）综合金融风险指数的构建方法

构造综合金融风险指数时有两个重要的要素，即选择变量和权重，在研究成果基础上，分别构造银行脆弱性指数、外汇市场压力指数、资产价格波动指数、脆弱性传导指数，最后合成综合风险指数。

1. 银行脆弱性指数

银行作为重要的金融股机构是重要的金融风险来源,银行系统的脆弱性越高,区域内的金融风险也就越大。衡量银行脆弱性的变量有很多,传统的衡量指标集中于银行的资产负债表信息,如不良贷款的比率、收入和盈利能力、流动性和资本充足率等。然而,给定资产负债表信息只能获得相对低频的数据,而且往往伴随着滞后性。越来越多的研究试图从金融市场上获得信息来衡量银行体系的稳健性。

2. 外汇市场压力指数

在存在外汇市场管制的情况下,一般外汇困境通过三个变量表示,这三个变量包括真实汇率、外汇储备以及利率,考虑到中国利率市场化改革还没有基本完成,利率对人民币汇率的传导途径可能并不顺畅,甚至并不存在,因此这里只考虑了真实汇率变动率和外汇储备变动率这两个变量来构造外汇市场压力指数。

3. 资产价格波动指数

资产价格大幅波动既是金融风险的重要表征,同时也是金融风险的来源之一。伴随着我国金融市场的不断扩大及完善,资产价格波动对金融风险的影响也越来越多。构造综合资产价格指数的优点主要体现在两个方面:一是可以提供私人财富变化向量;二是可以粗略地衡量一国总体资产价格的波动。与单个资产价格序列相比,总资产价格指数能够揭示被单个资产价格序列掩盖的一般模式和内在联系,同时也可能弥合单个资产指数的异质性。

4. 脆弱性传导指数

传导反映了危机期间国内金融市场与国际市场存在的显著的跨市场联系,是通过国与国之间的贸易联系和金融联系产生的。由于存在资本管制,目前中国金融风险受到外部冲击的金融渠道影响主要表现在心理层面,更多地以股票市场的协动表现出来,因而这里采用相关性定义来衡量中国金融市场受到国际金融风险影响的关联程度。

5. 综合金融风险指数

在综合指数的计算中,对所有指数进行标准化处理,这样可以消除不同变量之间量级和量纲之间的影响，使各个指标具有可比性。变量标准化的方法是将所有变量取绝对值，然后映射到 0 到 100 的区间中。

（二）变量选取及相关指标的构造

综合现有的预警指标，研究将预警指标分为外部指标及国内指标两大类，分别选取代表外部经济金融条件及国内金融条件的变量，以此为基础选择有效的预警指标。

1. 相关研究

在众多的有关金融危机预警指标的研究中，主要提到的危机预警包括：货币危机、银行危机。

总的来说，与传统的宏观经济分析相比较，现在的研究更多注意到了宏观经济分析和微观审慎分析的联系，与微观审慎分析相比，宏观审慎分析主要集中于系统风险，而非单个机构风险。金融风险评价指标的选取包括宏观审慎指标、市场指标和其它指标，越来越多的市场基础指标加入了分析，如金融机构的股票市场价格、股票价格波动、违约距离、违约概率、破产距离、政府或公司债券利差的变化、银行和非银行的信用违约互换升水和期权价格基础的隐含波动等。而且，越来越多的研究涉及了传导因素，并强调全球经济金融环境对一国金融稳定的冲击。

2. 中国金融风险预警指标的选取

目前，国内对于金融风险预警系列指标的识别研究正在不断增加，特别地，许多研究致力于发展更好的特定部门和市场指标，这些指标在评估金融风险及金融体系脆弱性时有帮助，但在实践中仍然难以达成一致。这些部门和市场包括房地产、公司和家庭部门，银行和非银行金融机构，预警指标选择的覆盖面和复杂性不断增加。与此同时，也有研究强调应该选择更小和更容易处理的金融风险预警子集，这样的子集或核心指标包括的核心市场和机构的风险预警，但迄今为止研究者同样没有在构造这样一个核心系列指标上达成一致，而且，潜在的脆弱性可能因国际或特定环境加重。在发展金融体系稳健性的综合指标方面，一般认为，这样的指标可能不能完全抓住金融市场的复杂现实，因此，我们在选择金融风险预警指标时既要考虑指标的覆盖面，更要考虑其有效性，并与综合金融风险指数一起形成尽可能抓住风险全貌的预警指标体系。

第一，预警指标选择原则。宏观审慎指标与微观审慎指标相结合，既能反映单个金融机构的风险状况，也要反映整个金融体系的系统性风险来源；将尽可能多的机构和预警指标纳入到预警系统，识别不同的风险来源，既包括国内的风险的识别，也考虑不同国家之间的传染风险，将外部冲击纳入风险预警框架。系统性地观察不同风险间的相互关系和传导机制，权衡预警准确性和时间水平之间的关系，既考虑中长期预警，也考虑实时预警，更多地选择市场基础的指标，在此基础上选择更有效的预警指标，形成更具有操作性的预警指标体系。

第二，预警指标及相关性分析。在现有研究的基础上，根据预警指标选取原则，同时考虑数据可得性，我们选取以下指标并将这些指标分为外部和国内经济金融指标两大类随后将这些指标中的数据与金融风险综合指数（这里选取因素分析法赋权的综合指数）进行相关性分析，以找到兼顾覆盖率及有效性的指标，其中，存贷利差变动率、银行真实信贷总额变动率、存贷款比变动率、真实汇率变动率、外汇储备变动率是合成金融风险综合指数的指标，可直接作为预警指标进入指标体系。在预警指标的数据频率选取中，我们既考虑月度数据，也考虑季度数据。这样做的理由有两个：其一是为了同时实现中长期预警和实时预警，在时间水平的选取上拓展研究的视野；二是为了同时反映经济、金融结构性变化和金融体系的短时间变动。季度数据考虑了一些变量与GDP的比率变化，这能反映中国经济结构的变化及金融失衡的变动状况，可以视为结构性预警指标，月度数据则更多反映的是变量本身的变动，是短期可测的预警指标。

第三，结构性指标的选取。除了将预警指标划分为内部指标和外部指标，形成指标的空间分层，金融风险预警还需要权衡预警准确性和时间水平之间的关系，这就要求对指标进行时间水平的分层，以反映不同的时间水平。实时指标反映的是短期风险状况，从时间上讲可以作为短期同步指标，可以判断金融系统的短期风险状况。但根据预警系统设计需要，这里期望同时考虑以季度数据表示的能够反映经济结构变化的较长时间的指标。低频指标的预警时间水平较长，预测时间长，而且能够反映本期内经济结构、金融失衡状况的变化及外部环境的变化，也能一定程度地反映未来较长时间的经济结构变化，更具有前瞻性。对低频数据的处理和判断需要对指标进行简单的价值判断，仅仅依靠当期相关性分析不能得出可靠的结论。

第六章　现代金融经济风险的防控措施

✥ 第一节　继续全面深化金融改革

不断完善金融市场调控方式，加大宏观调控对金融市场的影响，建立健全市场运作机制，合理调整信贷结构与金融机构。具体要从以下两方面进行。

一、运用货币政策的主要措施

全面提高货币决策能力，增加透明度，实现货币决策民主化。有效科学把握金融宏观调控，进一步发挥货币工具的创新作用，对货币政策的传导机制进行修改完善。央行要始终坚持稳步推进货币政策，使货币能够有效防治通货膨胀，起到规避风险的作用。

（一）继续落实好适度宽松的货币政策，保持货币信贷合理充裕

增强政策的针对性和灵活性，综合运用多种货币政策工具，合理安排货币政策工具组合、期限结构和操作力度，加强流动性管理，保持银行体系流动性合理充裕，加强对金融机构的窗口指导，促进货币信贷合理增长。引导金融机构根据实体经济的信贷需求，切实把握好信贷投放节奏，尽量使贷款保持均衡，防止季度之间、月底之间异常波动。加强政策引导和监督，着力优化信贷结构。落实有保有控的信贷政策，使贷款真正用于实体经济，用到国民经济最重要、最关键的地方。引导金融机构加强对"三农"、就业、战略性新兴产业、产业转移等的信贷支持；支持重点产业调整振兴，严格控制对高耗能、高排放行业和产能过剩行业的贷款，着力提高信贷质量和效益；完善消费信贷政策，大力发展消费信贷；在全国范围全面推进农村金融产品和服务方式创新，做好金融支持集体林权制度改革与林业发展工作；全面落实支持小企业发展的金融政策，有效缓解中小企业

融资难问题。引导信贷资金主要用于在建、续建项目，严格控制新开工项目的贷款投放。强化信贷政策执行情况的检查监督，防范信贷风险。继续按照主动性、可控性和渐进性原则，完善人民币汇率形成机制，保持人民币汇率在合理、均衡水平上的基本稳定。要站在全局的高度，创造性地开展工作，加强各部门之间的沟通联系，搞好货币政策和财政、产业、环保、贸易等政策之间的协调配合，形成工作合力。

(二) 继续深化金融企业改革，不断完善维护金融稳定的体制机制

促进中国农业银行股份有限公司继续完善公司治理结构与风险控制体系，加快做实"三农"事业部，推动国家开发银行继续完善金融服务组织体系，指导中国进出口银行和中国出口信用保险公司稳步实施改革方案；指导和支持农业发展银行继续深化内部改革，提高经营管理水平，推进重点地区农村信用社深化改革。

(三) 加快金融市场产品创新，推动金融市场健康发展

加快债券市场发展，丰富金融衍生产品。扩大中小企业短期融资券、集合票据发行规模；研究中小企业发行可转换债务融资工具、债券第三方回购业务等。推动企业发行资产支持票据，加快黄金市场产品创新，进一步完善房地产金融体系。继续推动境内金融机构赴中国香港发行人民币债券、境外机构和企业在境内发行人民币债券、外资法人银行在境内发行金融债券。

(四) 深化外汇管理体制改革，促进贸易投资便利化

进一步推进进出口收付汇核销制度改革，简化贸易信贷登记管理；允许企业出口收汇存放境外，便利企业灵活运用外汇资金。扩大中资企业外债试点，统一中外资企业外债管理政策；健全完善全面的外汇债权债务制度，严厉打击地下钱庄、网络炒汇等违法违规行为；完善跨境资金流动以及国际收支统计监测，健全多层次国际收支风险双向监测预警框架；进一步完善适合我国特点的外汇储备经营管理体制机制，逐步实行外汇流入流出的均衡管理，促进国际收支基本平衡，

探索为国家"走出去"项目提供外汇资金支持的新模式。

(五) 深入开展国际和港澳台金融交流与合作

深入研究后危机时代国际经济金融格局的变化，主动开展国际交流与合作，推动国际货币体系改革，参与国际金融规则制定，切实维护和争取国家利益；积极推动基金组织份额和治理结构改革，推进国际货币体系多元化，全面参与金融稳定理事会和巴塞尔银行监管委员会活动；继续加强与非洲开发银行、泛美开发银行等多边机构的合作，加强与外国央行的交流与沟通，在重大政策问题上加强协调与合作，积极推进包括清迈倡议多边化在内的区域货币金融合作；推动开展港澳人民币业务，促进海峡两岸开展实质性金融合作，进一步完善跨境贸易人民币结算试点相关政策。

(六) 扎实推进金融服务现代化，全面提升金融服务与管理

加强金融法制建设，推进依法行政；提高金融统计工作水平，建立全面、协调、敏锐的金融统计体系；推进支付体系建设，完善银行卡业务管理办法，配合公安部门打击银行卡违法犯罪；改善农村支付服务环境；提高金融信息化水平，推进银行卡产业升级，扩大银行IC卡应用和标准化；加强货币金银管理，全面配合公安机关持续打击假币犯罪；继续推进国库改革与创新；扎实开展金融研究，加强理论研究和实证分析；加强征信管理，大力推动征信立法，做好中小企业和农村的征信服务，加快金融统一征信平台建设。

二、加速推进利率市场化

加速推进利率市场化，灵活应用利率杠杆，通过货币政策来引导市场利率，并且根据市场利率，准确确定金融机构对资产、负债价格利率的调控体系。通过不断深化外汇管理体制改革，建立国际水平的市场机制，为贸易、投资活动提供良好的市场环境。

(一) 增加融资渠道

1. 国家财政注资

国家财政注资长期以来是我国国有商业银行赖以生存的根本，也是一直以来我国为稳定金融市场，协助金融企业改造的一贯方针。国家财政注资是一项特殊的政府政策安排，即通过向试点银行注入政府资金，调整大型国有银行资本结构，补充资本金的一种方式。国家是中国国有商业银行的股东，在国有商业银行资本充足率达不到监管要求时，国家要履行出资人的职责，直接向国有商业银行注资。因此，国家应在每年的财政预算中安排一定量的资金用于补充国有商业银行的资本金。如果四大国有独资商业银行资本金缺口比较大，如果上市其资本充足率还要再高一些，不可能一次性补足，可以考虑定向发行特别国债的办法，补充某些资本金缺口较大国有银行的资本金。

2. 商业银行上市融资

要想在短期内提高资本充足率，自身积累发挥作用的空间很有限。而上市能使其比较方便快捷地补充资本金，建立起稳定的资本补充机制，这是提高资本充足率的良好途径。浦东发展银行和民生银行的成功上市就证明了这一点。这两家银行上市后的资本充足率有了大幅度的上升。因此，我国银行业纷纷通过改制上市，符合条件的商业银行，经过股份制改造和一系列法律审批程序后，通过在国内、国外资本市场公开发行，筹措资本，增加核心资本来提高资本充足率。国外商业银行几百年的历史和国内几家股份制商业银行成功的股份制实践证明了，股份制是一种较为理想的产权模式。上市的商业银行可以进入资本市场直接融资，解决资本金不足的问题，还可以通过收购、兼并联合、托管等多种方式实现资本的有效运营，将银行拥有的各种形态的存量不良资产激活为有效资产，从而减轻银行的负担，迅速改善其经营管理。

商业银行上市的目的不仅仅是补充资本，提高资本充足率，更重要的是通过股份制改造建立起有效的经营机制和内部风险控制体系，健全公司治理组织体系，完善信息披露制及外部治理措施，提高商业银行资源配置效率和竞争力，为可持续发展打下良好的基础。

3. 发行长期次级债

发行次级债券程序相对简单、周期短，是一种快捷、可持续的补充资本金的方式。次级债券一般偿付期限较长，以及偿付次序位于银行存款之后，为银行提供宝贵的现金流，可以在一定期限内具有资本的属性，为银行经营提供一种额外的保障。

新协议允许商业银行发行期限在 5 年以上的无担保的长期次级债券工具增加附属资本。次级债券的主要发行对象是居民个人，且债券期限一般较长，利率较银行存款利率高。长期次级债务工具快捷、灵活，可以迅速为商业银行补充资本，提供一个改善经营状况、调整资产结构的缓冲期。我国银行业资本中核心资本比例偏大，而附属资本明显不足，发行次级债务有很大的可行性空间。当前债券市场流动性充裕，为适应银监会的要求，采取发行次级债来补充资本也就自然成为银行首选。在流动性充裕的债市环境下，发债不仅获得投资者的积极购买，而且可取得较低发债利率，使筹集资金的成本大大降低。

4. 引入境内外战略

投资者和民营资本提高资本充足率最好的方法就是在资本市场上筹资。我国已明确将对国有独资商业银行进行股份制改造，通过改制和市场上市引入境内外战略投资者和民营资本募集资本金。吸引境内外资本加入、建立开放的股权结构，是国际上大银行的共同特征。当前，非公有制经济已经成为中国经济的重要组成部分，国有商业银行在建立现代银行制度的过程中还要积极探索和尝试吸收民间资本，推动股权结构多元化和资本总额的增加。

民营资本和海外资本，不仅数量巨大，有利于增加股权资本带来更先进的经验和技术，而且强化对银行资本使用的监督和管理；有利于建立权利、责任、利益边界明晰的组织架构和运行规范、管理科学、内控严密、运转高效的经营机制和管理体制，提高风险防范能力和内部控制能力，但是在引入外国战略投资资者的同时，要注重稳定的经济、法律环境的建设，加强金融监管，防止金融危机。

（三）开展业务创新，提高盈利能力

中间业务与负债业务、资产业务共同构成商业银行的三大支柱业务。20 世纪 50 年代以来，中间业务在西方银行业中得到了迅猛发展，由于中间业务具有成本低、收益高、风险小的特点，为银行带来了巨大利润。

国有商业银行应积极拓展如基金托管、委托、代理、咨询、贷款承诺、贷款出售、各种信用证、跟单信用证、承兑汇票的表外业务，但对衍生金融工具交易要谨慎发展，以规避其高风险。一是优化资产的组合，实现资产结构的多元化。在政策范围内，国有商业银行应逐步改变目前信贷资产占资产绝对主体的格局，扩大债券、拆借等风险系数小的资产比重，缩小信用放款，增加抵押和担保贷款。对现有贷款存量，也应补办抵押手续，努力降低风险系数高的贷款资产，保证资金合理的流动性。目前应该逐步放开银行业务限制，对东银行信贷结构调整，强化信贷质量管理，推动金融创新及全面成本管理，通过留存收益转增资本，不断提高银行自身资本充足水平。

（四）减少加权风险资产，提高资产质量

银行所持有的风险资产的数量，是影响资本充足率高低的一个重要因素。根据资本充足率的计算公式，减少加权风险资产，提高资产质量是商业银行提高资本充足率的有效内在途径之一。"资产证券化"可有效降低资产风险权重，即银行可以将存量长期信贷资产进行证券化，以实现减少加权风险资产的目的，进而改善其资本充足率的大小。但资产证券化对信用评级和信息披露有着非常严格的要求，除少量优质的商业银行外，一般的商业银行很难达到。

我国商业银行的资本状况由于呆账拨备不足，实际上还比较差，抗风险能力也比较低，积极借鉴国外银行的成功经验，提高自己本身的信贷风险管理水平，进而加强对市场风险、操作风险等的全面风险管理水平，这是商业银行今后必须要做的工作。

（五）建立内部风险评控体系

中国商业银行要从战略高度出发，充分重视内部评级法的建立和实施；同时必须认识到此项工作的艰巨性、复杂性和长期性。应在银行内部成立专业化机构，组织调配各类有效资源，持续和深入开展内部评级体系的研究、设计和开发

工作，并对相关的业务流程和决策机制进行必要的改造和完善，使之更加适应现代化风险管理的需要。

实施内部评级法是一项庞大的系统构成，涉及外部资本监管和银行风险内控的方方面面。我国商业银行在该领域的整体水平较低，缺乏相应的组织管理经验。为此中央监管当局应充分发挥其在金融体系中的权威性和导向性作用，一方面要建立一个专业化的工作机构，使之发挥带动、引导和示范作用，促进国内外银行在内部评级领域的技术交流；另一方面，要积极发挥国内银行间的整体协作优势，组织并利用各银行现有资源，加快推进内部评级体系的建设和应用。监管当局应鼓励有条件的商业银行加快实施内部评级法，同时允许技术实力较弱的中小银行根据其实际情况，先从标准法做起，或由多家中小银行联合开发一套共同版的风险评级系统（即模型结构和数据库基础一致，但参数有所差别）。这样做不仅可在总体上降低系统开发成本，还能发挥中国银行业的后发优势，争取在短时期内缩短与国际先进银行的技术差距。

三、区域金融的协调发展

（一）实施适度差别的区域金融调控政策

目前我国区域金融的发展不仅存在区域间差异，还存在显著的区域内差异，因此在制定金融发展政策时要考虑地区差异，实施有差别的区域金融发展政策，即在国家基本的金融政策一致的前提下，因地制宜地对不同地区采取有弹性的金融调控政策，消除中西部地区面临的显性或隐性金融政策歧视。

目前货币信贷依然是我国货币传导重要渠道，不同区域在资金实力、货币投放规模及资金产出率等的不同，"一刀切"的统一利率政策，会使资金流向利润率较高的东部地区，加剧东部资金的短缺。因此，对中西部地区系统资金往来利率和期限上施行比东部地区更为宽松的标准，提高吸收存款和扩大贷款的能力，适度扩大西部地区货币供应量，满足中西部地区经济金融发展的资金流动性需求。同时给予中西部地区优惠的存款准备金率、再贴现率等，不同地区金融市场的发育程度及金融工具的多样化水平存在差异，当提高存款准备金率时，欠发达的中西部地区由于金融结构单一、货币市场不发达，在乘数效应的作用下，货币供应量会大幅下降，经济受到严重冲击；再贴现率的调高对中西部地区同样起到很大的货币紧缩效果，经验表明宽松的货币政策对欠发达地区的效用远小于发达地区，而紧缩的货币政策对欠发达地区的收缩效应却高于发达地区，这意味着在制定政策时对东部地区要适当严一点，对西部地区适当放宽松来调节地区间的政策隐性歧视。

（二）发展区域化的金融机构，优化金融机构布局

我国经济发展的经验表明，经济越发达的地区金融机构的类型、分支及职能越完备，而广大的欠发达地区金融机构类型单一，国有商业银行占据主要地位，而且在20世纪90年代以后，国有专业银行撤销了大量经营亏损的机构，而这些亏损的机构大部分集中在中西部地区，使得中西部地区的金融发展进一步恶化，政策性银行的支持力度也存在极大不足，地区性股份制商业银行的业务主要停留在发达的东部地区，缺乏服务于本地区的城市商业银行，在这种情形下，政府要担当起社会赋予的责任，通过担保等方式提高中西部地区信用水平，降低银行在这些地区的经营风险，建立服务于该地区的新型机构及吸引东部地区及外资金融机构的进入。

1. 设置地区性政策金融机构

国家政策性银行在支持地方经济建设中起到了重要的作用，但随着市场化进程的加快，政策性银行资金也显示出商业倾向，而且业务领域也比较集中，国家开发银行主要投资于国家重点建设项目，进出口银行主要集中在国家对外贸易、对外交流方面，对于区域发展差异上的照顾却很好，所以可以考虑在政策性银行中设置地区发展部门，设置专门的部门负责中西部地区的金融支持，拨付专门款项用于中西部地区的建设。

2. 吸引股份制银行落户中西部地区

随着银行业股份制改革的进行，原来的地区性股份制银行朝着全国性发展，业务发展也不再单纯地局限在本地区，例如招商银行、浦发银行、兴业银行等业务不仅在纵向的深度有很大的扩充，在横向上也朝着多地区延伸，出现与四大国

有控股银行并驾齐驱的局面。中西部地区可以适时采取一些税收和利率等优惠政策，吸引这些银行在本地区设置分支机构，为本地区提供资金融通，繁荣本地区的发展。

3. 发展城市商业银行

具有经营的灵活性、业务审批程序简便性、对中小企业投融资服务的适应性等特征，对于大型银行不屑或不便经营的业务，正好能补足这部分需求，成为欠发达地区经济发展的重要推动力。同时在资金吸纳方面，城市商业银行的资金来源地和投放地基本上在同一地区，可以发挥地缘优势和人文优势，抢占市场。同时金融业本质上就是一个信息行业，在一个竞争性的市场中，各大金融机构都依据自己特有的信息优势生存和发展，而对于服务本地的中小银行而言，对于相关信息的获取更为便捷直接，特别是一些难以量化、检验的"软信息"。

（三）完善区域资本市场

我国的资本市场目前主要还是依靠以银行为中介的货币市场，证券市场近年来虽然有了较快发展，但地区发展极不平衡，主要集中在经济较发达的东部地区，而产权市场全国的发展都很缓慢，在市场经济条件下，政府可以适当改变以往的政策方法，均衡发展各大融资市场，适当降低间接融资方式，扩大直接融资市场的规模。

1. 大力发展债券市场

首先扩大企业债券的融资规模，企业债券是以企业信誉为担保发行的，其所凭借的是私人信用，为避免部分风险规避者的不信任，可以引入中介机构，通过抵押、担保、信用等方式，支持发展前景好、盈利能力强、资产负债率低的企业发展企业债券。其次，稳步发展市政债券。市政债券最早源于美国，是政府筹集资金的一种重要形式，但在我国这种债券形式还停留在萌芽状态，虽然近年来一些地方政府为筹集基础设施建设资金，也发行了此类债券，但规模相对较小，可见市政债券还有很大的发展空间，政府可以利用这种方式实现资金的跨区转移，来支持西部建设。

2. 进一步扩大股票市场

我国的股票交易所设在东部地区的上海和深圳，对东部地区的发展起到了"虹吸"资金的作用，使得中西部资金通过股票市场东流。为避免这种情况的进一步恶化，可以考虑在中西部地区经济发展相对较快的成都或西安设立证券交易所，既活跃了中西部地区的资金市场，又防止了资金的东流，为中西部重大工程建设和各项配套工程筹集所需资金，缩小地区间金融发展差距。

3. 加快建设我国的产权交易市场

通常意义上产权融资的形式包括企业改制、非上市股份有限公司的挂牌流通及其配送股和产权的"托管、转让和流通"等三种形式。

（四）培育区域性金融中心

区域金融中心是区域金融非均衡发展的结果。金融中心的形成往往需要具备许多条件，例如完善的基础设备、发达的金融体系，健全的金融法律制度和优惠的税收及众多的金融及相关人才，从而形成相对于临近地区更为发达的金融市场和更为便利的金融服务水平，形成金融增长的极点，通过它的集聚效应和扩散效应对带动周边地区的共同发展，例如东部地区的以上海、深圳、杭州、南京等城市为中心的区域金融中心，对拉动东部地区的整体发展起到很大的作用。

区域金融中心的形成通常有三种方式，一种自下而上的模式，一种是自上而下的模式，此外介于二者之间的混合模式。自下而上的模式是指金融中心的形成是来自于区域内部，并非外力的作用，是市场自发选择的结果，是由单一的产业集群催生出金融配套企业集群的过程，经济发展较快地区金融中心的形成往往采用这种方式。自上而下的模式是指由国家或地方政府主导，通过人为规划和政策大力支持，引导金融资本流向金融设施相对较好的地区，再通过金融产业上下游的联系，进一步巩固产业集群的规模和深度，从而形成金融中心，这往往适用于经济尚未达到一定水平的地区，政府为支持该地区发展而采取的方式；混合方式介于自然进化模式和政府建设之间，金融资源的集聚一部分来自于经济的发展，一部分来自于政府及相关部门的行政指导，它符合经济快速发展的需要，是当代金融中心形成的常见模式。由于不同国家或地区城市的结构、产业集群特点及周边城市发展的水平等的不同,在金融中心的构建中除遵循一般规律外,还要具有自己独有的特色。

我国的西部地区经济发展缓慢,资金基础薄弱,经济对金融的拉动作用微弱,金融业的发展滞后,金融市场不健全,金融工具单一,金融体系不完善,发展水平远落后于东部地区,对这种地区金融中心的形成宜于采用自上而下的方式,政府作为中坚力量发挥其扶持作用,制定区域金融发展政策,完善地区法制法规,改善投资环境,建立城市集群的核心,吸引金融资源向该地区流动,最终发展成为区域性的金融中心。西部大开发战略的实施充分显示了政府对于建设西部地区的重视,西安作为西部地区经济发展的核心城市,中央政府加大扶持的力度,地方政府积极配合,创造良好的经济环境,充分发挥西安区位优势和基础设施优势,把西安打造成为西部地区的金融中心,通过它的辐射带动作用拉动整个西部地区的共同发展。

中部地区经济的发展水平介于东部地区和西部地区之间,金融市场已初具规模,金融体系也处于不断完善中,但金融结构依然沿用传统的布局,金融创新意识还不强烈,完全靠市场自发的力量形成金融集群,还需要较长的一段时间和曲折的路程,此时,政府可以通过适当的政策倾斜,给予地区发展提供便利,积极引导金融机构的利益和行为,另一方面,通过政策弥补市场的缺陷,促进金融体系的健康发展,这样在政府和市场共同力量的促使下,以混合方式形成中部地区的金融中心,建立中部地区金融产业发展集群。

(五) 促进区域金融生态环境建设

要保证区域金融的持续健康发展,金融生态环境的优劣至关重要。因此政府除了对区域的资金政策支持外,还要把支持的重点放在主动地、超前性地改善金融生态环境上,减少金融机构在债权保全、资产处置、不良资产处置等方面的成本。加强生态环境建设可以从以下方面入手。

1. 加强信用环境建设

在现代市场经济条件下,信用是金融赖以生存的基础,金融信用也构成了社会信用的重要组成部分,良好的金融信用环境是防范和化解金融风险的必要条件。但我国信用征信系统落后，特别是中西部地区金融信用缺失严重，在股票、债券及期货交易市场中，公司欺瞒事实随处可见；政府越权干预银行贷款；失信行为得不到应有的惩罚等等。因此金融体系的信用建设迫在眉睫。政府可以从以下几个方面加强区域金融信用环境建设。

(1) 完善社会征信体系

人民银行联合工商、税务、司法等各大部门，通过信息网络技术将数据链接起来，实现信用信息共享。同时支持中介机构加入到征信系统的建设中，以市场化的方式提供完善的金融信用服务，促进经济健康发展和金融业的安全运营。

(2) 加大对失信行为的制裁和打击力度

使失信者的成本远大于失信者的收益，从经济利益上遏制失信的动力。

(3) 建立良好的政府信用

政府在行使相关职能和干预金融活动中也涉及自身信用问题，它是社会信用体系的重要组成部分，对社会信用体系的建设起到导向和示范作用。

2. 加大金融文化环境建设

金融文化是内生与金融发展过程，伴随着金融的发展而前进，是金融业长期繁荣的精神动力，在金融机构管理中起着重要的作用，它有利于规范金融机构从业人员的行为，是一种以感情为基础的非正式控制，能使员工自觉地将个人目标统一到银行目标中，创造一个积极、主动、和谐的银行内部人文环境，提高金融机构整体的工作效率。建设金融企业文化首先要加强金融企业的制度文化建设，因为金融业相对于其他行业风险较大，使得金融业的各种制度和规范比其他行业更加复杂，所以金融企业内部制度文化建设至关重要。其次，金融机构还要适时推进人事、财务、职业道德等方面的建设，使金融机构的新型价值观念深入到每个员工心中，培育金融机构独有的企业文化。

3. 加强法制环境建设

发达国家的金融发展经验表明，市场游戏规则的遵守需要健全的法律来维护，使每个市场参与者能按规则参与即做到公平竞争，才能创造健康的金融发展环境。继《中国人民银行法》和《商业银行法》的颁布以来，国务院和中央银行颁布了多部与银行相关的法律、法规、规章、通知和指南，但是金融机构违规经营、企业逃债赖债、各种金融欺骗等违法行为还是有时发生，说明我们法制建设还不够完善，还需要加大金融法规的宣传力度，使每个公民都自觉地学法，用法，守法；同时加快诸如信托、期货、基金等方面的立法，改变某些金融活动无法可依的现象。

第二节 完善金融法律法规建设

强化金融法制建设，健全相应的法律法规，实行金融机构依法行政。实行依法行政的根本目的是加强金融行业运行的安全性和提高金融业运行效率。因此，在制定法律法规时，要始终考虑安全和效率两个因素，务必确保稳定的市场环境，还要促进金融行业的发展，提高抗风险能力。此外，随着市场环境的不断变化，也要相应改变法律法规，使法律机制始终为金融行业有效服务；还要积极打击违法违规行为。执法机关要了解各种非法金融机构，对犯罪团体依法追究责任，严格按照相关法律法规加强企业经营管理。

一、对金融机构法律监管的概述

（一）法律监管定义

法律监管是一国金融监管当局为实现宏观经济和金融目标，依据法律法规对银行金融机构和其他非银行金融机构及其金融活动实施监督管理的总称。对金融机构法律监管是伴随着金融机构危机的局部和整体爆发而产生的一种以保证金融体系的稳定、安全及确保存款人利益的法律制度安排，它是在金融市场失灵（如脆弱性、外部性、不对称信息及垄断等）的情况下而从法制层面上纠正市场失灵的金融管理制度之一比。它作为政府提供的一种纠正市场失灵现象的金融制度安排，目的是最大限度地提高金融体系的效率和稳定性。一国的金融监管体制从根本上是由本国的政治经济体制和金融发展状况所决定的，判断一国金融监管体制有效与否，关键在于它能否保证该国金融体系的安全运行和能否适应该国金融业的发展水平。

随着金融监管的发展,当代金融监管呈现出以下特征。

1. 金融创新和金融监管并重

金融创新一方面反映了市场对金融服务的新需求,另一方面也给市场带来了新的风险,这就给金融监管提出了新的挑战。

2. 金融监管注重成本—效益观念

传统金融监管忽视对监管成本的衡量,往往容易夸大监管的收益而低估监管的成本,而当代金融监管收入经济学分析,对各项监管措施的成本—效益进行量化,这样既贯彻了监管效益最大化原则,也体现了对市场机制的遵循。

3. 金融监管强调技术性、科学性

随着计算机信息系统、经济计量模型、信用评级制度及市场纠错退出机制等各种技术和方法不断运用到各国金融监管之中,金融监管的技术性和科学性日益增强。

4. 全球金融监管框架初步建立

金融市场全球化导致金融风险在国家间相互转移扩散的趋势不断增强,加强金融监管的国际合作,构建全球金融监管框架迫在眉睫。一些国际性金融组织在全球金融监管合作方面发挥着越来越大的作用,得到了国际金融业和各国监管当局的普遍接受和运用。

(二)法律监管的目标

1. 维护金融体系安全与稳定的目标

一般认为,金融监管是伴随着银行危机的局部和整体爆发而产生的一种以保证金融体系的稳定、安全及确保存款人利益的制度安排。金融业与其他经济部门相比有其自身的特殊性。在现代市场经济条件下,金融市场有着比其他市场更高的风险性。

①金融市场的参与者成分复杂。市场容易出现的欺诈、垄断和不合程序的内幕交易,市场的参与者包括债权人、中小股东等广大投资者,其合法权益容易受

到侵害。

②金融业是高负债行业，在经营过程中面临着诸多风险，其中任何一项风险都会对金融机构的经营成败产生重大影响，但是金融机构为了追逐高额利润，往往盲目扩张资产导致资产状况恶化。

③金融风险具有很强的传染性，是系统性风险非常高的行业。一家银行或几家银行出现危机会迅速波及其他银行形成整个金融业的危机，并危及社会经济的健康发展。正是由于金融市场具有以上诸多的行业高风险性，金融监管就显得格外重要，同时也决定了金融监管所追求的价值之一是金融安全。

2. 提高金融效率的目标

金融市场作为市场机制，带有一定的自发性和盲目性，能否具有较高的效率，需要进行监督和管理及必要的引导、干预和调控。金融监管正是在金融市场失灵的情况下而由政府或社会提供的试图以一种有效的方式纠正市场失灵的金融管理制度。金融市场失灵主要是指金融市场对资源配置的无效率，主要针对金融市场配置资源所导致的垄断或者寡头垄断，规模不经济及外部性等问题。在市场经济的理论中关于完全信息和对称信息的假设，其实在现实经济社会中是不能成立的，现实中往往是严重的信息不对称，广大投资者无法及时准确完整地得到上市公司的相关信息。正是这一原因造成引发金融危机的重要因素——金融机构普遍的道德风险行为，造成金融监管的低效率和社会福利的损失。为了解决对道德风险的监督问题，只能由没有私利的政府来提供金融监管这种准公共产品，提高金融效率，克服信息非对称条件下的道德风险问题。研究表明，金融监管的目标是金融体系的社会福利最大化。由此，金融监管所追求的恰恰是金融稳定基础上的金融效率。

3. 保护公众利益的目标

其实保护公众利益应该是监管最终极的目标。安全和效率目标的实现，是为了维护市场的公开公平公正，使市场健康运行，从而公众能够得到完全信息，在信息链上处于有利地位。金融业是以信用为基础的行业，存款人、投资者和其他社会公众对金融业的信心是其实现可持续发展的重要保证，但由于金融业存在信息不对称现象，存款人、投资者和其他社会公众的利益容易被侵犯，确立此项原则有利于降低金融业的道德风险和系统风险。政府对金融市场的监管不但可以减少不利选择和道德伤害情况的发生,而且还可以通过给投资者提供更多的信息来提高市场效率。金融监管的三个目标之间是相辅相成,紧密联系的,在实践中不能顾此失彼。

二、金融法制建设在构建和谐社会中的必要性

(一) 从和谐社会与法制建设的关系看

健全法制是决定社会和谐的关键因素之一。社会主义和谐社会是建立在生产力得到快速发展的基础之上,是在民主与法治基础上有效管理的社会。在经济社会转型的特定历史时期,社会诸多不和谐的深层原因之一就是法制不健全,构建社会主义和谐社会的过程,将是一个深刻的以市场化改革为取向的制度变迁和体制创新的过程,更是进一步建立健全国家法制,增强全社会法治意识和提高政府依法行政水平的过程。

(二) 从金融业在和谐社会中的作用看

1. 支持社会主义经济建设

和谐社会是生产力高度发达的社会主义金融业在促进经济建设和生产力的提高方面,具有十分重要的作用。

2. 发挥资源分配功能

决定和谐的首要因素是财富分配。金融资源分配是否合理,将直接影响着财富分配的合理性进而影响社会主义和谐社会的建设。

3. 维护经济安全

和谐社会是安全的社会。金融业是一个国家的经济命脉。如果金融业不稳定、不安全,将直接危及经济安全,影响人民安居乐业,甚至危及国家政权稳定,就更谈不上建设和谐社会。

4. 健全社会主义信用体系

诚信是和谐社会的基本特征。金融业的运营是建立在信用的基础上的。因

此，健全社会主义信用体系，这既是金融业自身持续健康发展的基础，又是建设社会主义和谐社会的基本要求。

（三）从金融法制与金融业的关系看

和谐金融是金融内生机制和社会经济生态系统自生和共生机制的完美结合，其中，良好的金融生态环境尤为重要。生态环境的有序性、稳定性、平衡性和创新能力，金融生态的本质问题就是法制问题。

"金融法制"包含两方面意思：在立法层面要求所制定的金融法律法规是科学的、完备的；在执法和司法层面，则要求金融从业者、监管机构及相关人员在金融活动中均能严格守法、执法与护法。实现所谓"金融法制化"—通过建立完备的金融法律体系、严格的执法制度，为金融市场参与者提供一系列规则，以保护金融市场主体的合法权益，维护金融市场的公平竞争秩序。金融法制化是建设和谐金融生态的实质内容，也是构建和谐金融的内在要求。

三、完善我国金融法规建设的策略

（一）金融开放要与金融监管同步进行

对外开放是我国一项长期的基本国策。在经济全球化的大趋势下，既要看到国际资本流动为经济和社会的发展所作出的积极贡献，也要看到由此而形成的挑战和风险。必须强调：我国在加强金融开放立法的同时，亦要注意研究如何加强金融监管的立法。亚洲金融危机的教训告诉我们，倡导金融自由化并不是也不能要求有关国家彻底取消政府对金融监管的责任。今天各国金融监管的对象是一个如此急剧变化的市场，因此事实上，各国政府和国际金融监管机构一方面不断颁布新的法律和协定，金融监管从来没有像今天这样紧跟市场；另一方面，新的金融工具层出不穷并形成新的市场，从而不断提出新的监管课题。可以说，金融监管的特点就是用法律的变化来管理变化的市场。在加强金融开放与监管立法的同时，要十分注意研究如何采取有效措施，加强对国际金融资本流动的监管，遏制国际游资的过度投机，提高对金融风险的预测、防范和救助能力。

总之，金融对外开放要同本国经济发展水平和金融业发展水平、经济改革和金融改革深化程度、宏观调控能力和监管能力等水平相适应。任何超越或严重滞后都不利于本国经济和金融业的发展。

（二）进一步加快经济改革步伐，以法制手段推进我国投融资体制改革

对金融风险的防范和化解，不仅仅是金融领域的工作，还需要全方位的改革，特别是以法制手段推进我国投融资体制改革，已成为我国化解和防范金融风险的重要外部因素之一。从金融运行的客观环境看，我国现行的投融资体制已不适应社会主义市场经济的要求。要加速我国的投融资体制改革，实行"谁投资、谁决策、谁承担风险"的原则。凡企业投资国家允许发展的产业、产品和技术，均由企业自主决策、自担风险。除重大项目外，政府一般不再对项目进行审批，而改为登记备案制。确需政府审批的项目，也将尽可能简化审批程序，主要是看项目在投资方向和宏观布局上是否合理，是否符合国家有关政策和法规。

（三）加强完善金融立法、强化金融执法的研究

我国金融立法在某些重要领域还处于空白阶段，《信托法》《期货法》等，是金融监管亟待加强的重点。建议加快、加强金融立法特别是期货、信托立法，健全、完善我国金融法律体系，尽快改变金融市场重要法律法规不全、某些重要金融活动无法可依的现象。从维护社会主义经济金融秩序的严肃性出发，必须强化金融执法。要赋予中国人民银行、中国证监会、中国保监会等国家金融监管机构以重大的权力，并使之在运作上保持独立性。建议制定《金融处罚条例》，以提高央行金融监管依据的法律效力层次，增强金融监管的力度。要大力整顿金融秩序，坚决取缔非法金融机构，严禁任何非法金融活动。要根据党中央、国务院的部署，尽快及时完成对本地区本系统各种形式的非法集资活动的清理和查处。要狠抓金融队伍特别是金融机构领导班子的建设，对金融机构和金融从业人员违法违规行为，要及时严肃从严处理。

（四）建立完善的金融监管体系，依法加强金融监管

就整个监管体系而言，国家对金融机构的监管是最高层次的刚性监管监督形式。目前我国实行的是中国人民银行、中国证监会和中国保监会的监管体系。中国人民银行新的管理体制运作后，央行要独立行使监管职能，确保金融政策的权威性和连贯性。而以经济区域设立的央行分支机构要突出依法监管、风险控制，强化整体监管功能，打破内部条块分割、各自为政的传统监管方式，形成监管合力。中国证监会今后应致力于建立集中统一的证券期货监管体系。在对全国证券监管机构实行垂直领导后，中国证监会派驻各地的监管机构要迅速转变观念，转变职能，把工作重点转到加强对证券期货业的监管、提高信息披露质量、防范和化解证券期货市场的风险上来。中国保监会要依法查处保险企业违法违规行为，坚决取缔非法设立的保险机构和保险中介机构，严肃查处高手续费、高返还、低费率等不正当竞争行为，建立保险业风险的评估预警系统，防范和化解保险业的风险。在强化国家金融监管的同时，还要注意建立完善我国金融机构内部控制自律机制。在国家的宏观金融监管和金融机构内部控制中间，还应特别加强金融业同业公会或协会自律性组织建设。建议加快银行、信托、证券、保险、信用社等行业的自律制度建设，建立健全全国同业公会，制定同业公约，规范、协调经营行为，以切实加强金融行业的自律约束。

（五）完善信息披露制度和增加金融决策的透明度

透明度原则是国际金融交易中的一个重要法律原则。金融透明度或信息披露，是指根据法律规定，公开与金融交易有关的重大事项的一种法律制度。我国支持国际货币基金组织加强对成员国政策的监督以及增加成员国信息公布和透明度的改革建议。中央银行开始了提高金融货币政策透明度的尝试。但值得注意的是，我国金融市场仍存在信息披露不规范的问题：商业银行向央行报送的报表缺乏及时性与准确性，导致银行业监管信息不准；证券市场信息披露则存在信息披露不真实、信息披露不充分、信息披露不及时、信息披露不严肃等严重问题。建议加强对金融透明度和信息披露制度的研究，并加强以下的工作：①根据我国国

情，以法律的形式进一步明确规定有关金融活动信息披露的义务人、信息披露的内容和形式、信息披露的原则和标准，以进一步加强我国的信息披露制度；②从立法上明确规定不披露的信息，如公开会违反社会公共利益、法律法规保护并允许不予披露的商业秘密、内幕信息和敏感性信息等。

（六）依法维护金融债权，防止逃废银行债务

要深刻认识维护金融债权，是防范金融风险，促进经济、金融发展和社会稳定的大事。在我国市场经济发展的过程中，金融机构肩负着支持、促进经济发展的重要责任。当前企业改制过程中一些地方出现的逃废银行债务的行为，破坏了信用关系。各地区、各部门一定要从大局出发，切实加强对国有中小型企业和集体企业改制工作的指导和监督，规范企业改制行为，坚决制止各种逃废金融债务行为，各地人民政府要高度重视本地区企业改制中金融债务保全工作，积极支持金融机构做好金融债权管理工作，严禁包庇和纵容改制企业的逃废金融债务行为；企业在改制过程中，不论采取何种方式进行改制，都必须充分尊重金融机构保全金融债权的意见，依法落实金融债务。金融债权债务未落实的企业不得进行改制，有关部门不得为其办理有关改制审批和登记手续，也不得颁发新的营业执照；金融机构要积极参与企业改制工作，依法维护金融债权安全，国有中小型企业和集体企业改制工作涉及金融机构债权时，必须有债权金融机构参加，金融机构要严格监督改制企业的清产核资和资产评估等工作，各金融机构要认真落实金融债权保全责任制，加大债权清收力度，制定相应措施，切实维护金融债权的安全，并将金融债权保全情况定期向中国人民银行报告，对悬空、逃废金融债务严重的地区，各债权金融机构应降低对该地区分支机构的授信等级。

（七）普及金融法律知识，增强金融法治意识

各级党政领导干部和广大企业领导，都要学一些金融基本知识和金融法律知识，加深对金融工作、金融法规和金融政策的了解，提高运用和驾驭金融手段的本领，学会运用法律手段管理经济，增强维护金融秩序的自觉性和防范金融风险的能力。要把是否掌握金融法律知识、具备金融法治观念作为金融系统干部和金

融从业人员的必备素质，作为应当履行的义务，并作为考核晋升的依据。在加强金融法治意识的过程中，要重视全社会信用观念的建立。要加强公众和投资者的风险防范意识和合法投资观念，从而为金融业的健康发展创造一个良好的法治环境。

第三节 积极利用现代信息技术

现代信息技术不断更新换代，互联网已渗入生活的方方面面，成为最广泛的信息传播渠道，要紧跟时代潮流，把互联网技术充分应用到金融市场中，将银行与电子市场行业联合起来，扩展金融货币的流通渠道，从而提高银行业的抗风险能力。

一、信息化技术的内涵及其优势

信息化技术是伴随着互联网技术而迅速发展起来的，是将异地分布的计算资源、数据库资源、存储资源等各种资源充分利用起来，协同解决复杂的大规模问题，特别是解决仅靠本地资源无法解决的复杂问题，是专门针对复杂科学计算的新型计算模式。

信息化技术有两个优势，一个是数据处理能力强；另一个是能充分利用网上的闲置资源。随着互联网络的普及和高速网络成本的大幅度降低以及传统计算方式和计算机使用方式的改变，信息化技术已经逐渐成为超级计算和资源共享发展的一个重要方向。它以大力度资源共享、高性能计算和创新性应用为主要特征，通过合理调度，不同机构的计算环境被综合利用和共享，实现了使用一台超级网络联接来处理某一课题的功能，而且减少和避免了对自身设备的购买和升级。

二、信息化技术实现金融信息化

（一）金融信息化的定义

金融信息化是指信息技术广泛应用于金融领域，从而引起金融理论与实务发生根本性、革命性变革的过程。金融信息化是构建在由通信网络、计算机、信息资源和人力资源四要素组成的国家信息基础框架之上，由具有统一技术标准，通过不同速率传送数据、语音、图形图像、视频影像的综合信息网络，将具备智能交换和增值服务的多种以计算机为主的金融信息系统互联在一起，创造金融经营、管理、服务新模式的系统工程。

（二）金融信息化的影响

1. 金融信息化对金融机构的影响

（1）带来金融机构形态的虚拟化

所谓虚拟化是指金融机构日益通过网络化的虚拟方式在线开展业务，其客户直接在办公室、家里甚至旅行途中获得金融机构提供的各类服务，因此金融机构不再需要大量的有形营业场所和巨额的固定资产投资。全新的网络银行正借助互联网技术，通过计算机网络及其终端为客户提供金融服务。

（2）对金融机构经营方式和组织结构的影响

金融信息化导致金融机构经营方式的巨大变化，信息技术的广泛应用正在改变着支付与结算、资金融通与转移、风险管理、信息查询等银行基本功能的实现方式。金融机构将传统的专用信息网络拓展到公共网络，电子货币、网络货币等数字化货币的应用使得以支票和现金为主的支付结算、资金转移方式正在趋向无现金的方式转化，各种信用卡、数字钱包得到了广泛应用；实时在线的网络服务系统能为客户提供全时空、个性化、安全快捷的金融服务；基于信息技术的各种风险管理与决策系统正在取代传统落后的风险管理方式，大大提高了工作效率和准确性；新金融产品和服务的开发也在迅速加快。

适应经营方式的变化，金融机构的组织结构也在发生深刻变化。建立在传统银行经营模式基础上的组织形式—基于分支行的组织结构已经无法适应新的经营方式。围绕客户的消费行为和需求，传统银行正进行新的结构设计，借助于信息技术重构其组织形式。新兴的网络银行完全摆脱了传统银行的组织结构，几乎找不到传统银行的结构特征。总之，金融信息化的作用将从提高金融业务的自动化程度，发展到对金融业经营方式和组织结构的深刻改变。

2. 金融信息化对金融市场的影响

(1) 促进金融市场一体化

随着世界经济一体化和全球信息网络的发展，各国金融市场日益联结成一个统一整体，金融信息化的深入发展为金融市场一体化奠定了坚实基础。一方面，金融信息化大大提高了相关信息的收集、处理、存储和发布的能力，成为金融市场交易物质和技术的基础。另一方面，互联网日益成为世界金融市场运作的中枢，低成本的网络交易将逐步替代传统的交易方式，投资者无论身处何地，都可以上网同步进行金融交易，全球金融市场被更紧密地联系起来。

(2) 加速国际资本流动

网络技术促进了全球金融市场的形成，国际资本流动的空间屏障被打开。信息技术使得资本流动速度大大加快，也扩大了资金流动的总量，全球金融网络上跨国银行业务、国际证券交易、外汇交易急剧增长。

三、电子商务对我国商业银行的影响

(一) 电子商务对商业银行的影响

1. 电子商务对商业银行中间业务的影响

中间业务是银行三大支柱业务之一，在我国商业银行受到西方国家商业银行的影响下，我国商业银行要全面迎接全球化的挑战，同时又面临着电子商务的冲击。第三方支付借助持续开拓市场空间，抢占了商业银行支付结算市场份额已经有了替代商业银行大量中间业务的趋势。比如，支付宝除了能够供应个体顾客快速给付，信用卡款项偿还，转账，保险买卖，生活费用支付服务，还可以给付对公顾客供应数量较大的收付款，层级众多的市场活动，大批款项的支付等结算服务。而第三方支付不仅仅只包含支付宝，还包括其他的第三方支付平台。由于第三方支付具备安全、简单、快捷，且成本低等特点，对商业银行的客户基础产生了冲击，支付宝在发展的过程中积攒了大量的客户，这些客户既包括其自身平台上的电商，也包括了网购的个人客户，我们都知道，客户是一切业务的基础，所以，就算是商业银行经营转型做互联网金融也不一定具备这样的优势。

2. 电子商务对商业银行存贷款的影响

众所周知传统银行之所以"传统"其主要体现在业务发展单一，它们主要依靠存贷款，然而我们都知道存款是利润的基础，贷款是利润的源泉。离开二者，中国的银行就不叫银行了，因为随着社会融资多元化，互联网全球化，电子商务批计划等因素，银行走单一的存贷款业务的路子是越走越窄。很早就提出了转型的设想和规划，都知道银行未来发展的战略方向就是转型。改革开放以来，我国商业银行的经营主流模式是"负债主导"，即全部业务的起点、过程、目标和结果，围绕负债的增长，这一模式下的两大动力支柱就是"以存定贷"和"以贷揽存"。

3. 电子商务对商业银行传统销售的影响

基金、保险等常规的金融商品的代销，中国始终是商业银行的单独商品活动。基金企业直接销售与第三方市场的代销比重一直不高。但是，当前第三方支付机构借助本身给付方式的特点逐渐对基金、保险等商品进行代销操作。增加了这些企业的销售路径与空间，削弱了商业银行的代销渠道优势。目前，国有商业银行，面临的挑战在于以下三个电子商务营销。

（1）电子银行

与银行的电子银行平台相比，高位运行的安全性和可靠性的要求超出了金融风险，传统意义上的电子银行风险除了包括技术风险，传统观念的风险，最重要的是金融风险。同时，银行的风险，不仅从银行与客户，还要与第三方行为之间相互作用。然而，提高电子银行的安全管理是发展的主要问题之一。

（2）相关法律问题

与传统银行相比，网上银行有两个非常突出的特点，它传递信息（包括租赁）是应用于电子方式。

（3）该银行的人力资源问题的存在

随着进一步加快电子银行业务的步伐，原本只适应新的商业传统的手工操作和简单的电脑操作都将被淘汰，在银行不能满足日益增长的使用失业产生的新技术将继续增加。

4. 电子商务对商业银行客户维护的影响

现在，第三方支付组织更多的客户，一旦有一定的关联度，客户将有更大的粘度。虽然第三方支付企业开始依赖于发达的商业银行的支付渠道，他只能提供支付功能，则无法获得有关用户的信息。然而，商业银行的钱在此基础上获得支付的好处、客户服务的水平，并得到坐落在一个相对弱势的地位。换言之，许多客户可以提供直观的工具，但是，通过改变在第三方支付机制这一独特存在的观点之前获得的商业银行中的位置。目前的客户和商业银行、第三方支付平台可以使用第三方交易平台，干扰商业银行客户维护和信息之间的管理，据统计，现在支付宝个人注册用户已经远远超过国有四大银行的用户数量，支付宝用户和其他主要商业银行建立庞大的客户群体。从而，很大程度上增强了第三方支付机构和国有商业银行的竞争力。

（二）电子商务给商业银行业带来的机遇和挑战

1. 电子商务给商业银行业带来的机遇

（1）电子商务使银行服务不受时空限制

在经济全球化的影响下，网络用户数量的增长也为银行提供了一个全球性的市场。网络可以打破传统信息传递被限制，而且它还打破了地区与地区之间的壁垒。随着经济全球化的迅速发展，网络技术日新月异，电子商务技术，更多、更快、更便捷的服务被银行所利用。

（2）低成本，高效率

随着电子商务的发展，各大商业银行已经消除了票据、文书的储存邮寄过程，不仅仅是降低了银行的经营成本，而且更降低了交易及资金清算成本等各项费用。商业银行为客户提供便捷的服务，顺应了客户的需求，增强银行的竞争力。

（3）加速银行体制变革

电子商务技术的发展使得银行的运作模式逐步趋向于虚拟化、智能化，不难看出，传统的银行运作模式已经无法满足现代化的需求。以后银行主要通过网络为客户提供全功能服务。因此，客户可以通过比较，选择服务最佳的银行。银行只有不断创新、变革体制来提升自己的竞争力，提供给客户更满意的服务。

2. 电子商务对商业银行业带来的挑战

（1）利润来源转移，竞争激烈

电子商务的迅速发展，金融服务的好与坏很大程度上决定着银行利润的多与少，而不是传统的存贷，所以，传统商业银行应根据自身情况主动推销自己的服务，从而满足客户的需要。客户会更偏向于提供更好服务的银行，因此银行与银行之间的竞争也是与日俱增的。它必须要以"为消费者提供完善的服务将是一家优秀银行的本质所在"为目标，才能在电子商务浪潮中，立于不败之地。

（2）对支付体系和信用体系要求更高

电子商务的应用后，银行如何提供高效、安全的跨国界的资金划拨和清算是面临的一大挑战。银行支付系统必须提供实时交易，甚至实现零时差的实时资金清算。随着IT企业已经介入社会支付服务领域，传统银行在社会支付体系中的垄断地位受到威胁。因此，商业银行必须充分重视电子商务发展，才能维持自身的生存发展。

（3）安全技术有待提高

在整个网上交易过程中，人们所关注的重点都是它是否安全，目前利用信用卡的安全性问题盗窃冒充、涂改骗取、伪造诈骗、内外勾结转移资金等。另外网络诈骗、钓鱼网站也层出不穷，这些可能会制约银行业电子商务的发展。因此，必须提高交易的安全性、网络的安全性，才能给客户资金带来保障。

❖ 第四节　加强风险防范机制建设

通过全面的金融评估报告和市场调查加强金融风险评估，对相关金融机构的运行状况进行准确识别，针对高风险的市场变化建立健全应急处理机制，通过事前预警体系的建设来缩小金融风险的影响范围，有效地控制金融风险，为有力管控现代金融风险提供良好的制度基础，从而保证金融经济稳定高速发展。

一、我国金融风险综合评价方法的选取

（一）指标赋权的意义及原则

金融风险统计监测指标体系内含有多个具体指标，每个指标在综合评价中的重要程度不同，在综合评价中必须给每个指标赋权。赋权是金融风险统计工作的重要内容和关键环节，每个指标的权重是否合理，直接影响到金融风险统计监测与评价工作的质量。制定金融风险统计监测与评价指标的权数必须具有导向性、科学性和合理性，要突出重点，照顾全面，要考虑指标的反映力度，使真正的金融风险状况能得以体现。因此，在给指标赋权时应遵循以下原则。

1. 导向性原则

各指标权数的大小，关系到被评价单位对金融风险各方面的状况的重视程度，因此要根据当前金融各行业的战略目标和工作重点并突出相应指标，给予较大的权重，以引导各主体加强该方面的工作取得更大的成效。

2. 突出重点，兼顾一般的原则

金融风险统计监测与评价指标体系是若干个相互联系的指标的集合，每个指标在监测与评价指标体系中的重要程度不等，给每个指标赋权时，必须根据监测总目标，将评价指标体系内指标区分为关键指标和次要指标，对反映金融风险监测本质特征的指标应赋予较大的权数，对反映次要方面或者说非本质特征的指标应给予较小的权数。

3. 科学性原则

指标的赋权科学首先表现在赋权方法要科学。制定权数方法有许多种，如层次分析法、主成分分析法、专家赋权法等，在给指标赋权时必须根据研究对象的特点，有选择地加以应用。其次赋权的科学性还表现在：对于指标数值准确可靠的指标一般应给予较大的权数，反之赋予较小的权重。

（二）指标的赋权方法

1. 德尔菲法

德尔菲法又称专家咨询法。该方法通过征求社会、经济、高校、国外等各方面的专家意见，将专家提供的权数意见经多次统计处理，直到专家赋权比较协调的情况下，得到指标的适宜权数。它是主观赋权法。

2. 主成分分析法

主成分分析法是定量赋权法。某一种现象数量的变化往往受许多因素的影响。分析这些影响因素时，人们可以列出大量的指标或数据。由多指标进行综合评价时，要以各指标的总变差来说明被评价对象在多项指标形成的多维空间中的相对地位。接下来拟采用主成分分析法对我国金融风险水平进行综合评价。

下面将对次方法进行简要介绍。主成分分析又叫矩阵数据分析、主元分析、主分量分析，是多元统计分析中应用广泛的一种方法。主成分分析是一种通过降维技术把多个具有一定相关性的指标约化为少数几个综合指标的统计分析方法，被广泛应用于自然科学和社会科学的各个领域。在实证经济问题中，有时必须考虑众多因素对同一个经济过程的影响。而每个因素都在不同层面、不同程度上反映了所研究问题的某些信息，并且指标之间彼此有一定的相关性，也就是说统计数据反映的信息在一定程度上有重叠。如何找出影响此经济过程的几个综合指标，使综合指标为原来变量的线性组合，综合指标不仅保留原始变量的主要信息，彼此之间既不相关，又比原始变量具有某些更优越的性质，使得在研究复杂的经济问题时容易抓住主要矛盾，主成分分析是一个理想的工具。

二、指标体系的建立

（一）指标选取原则

为了使金融风险的统计监测能综合地反映我国金融风险的总体状况和程度，在建立金融风险统计监测指标体系时，必须遵循以下几条原则。

1. 目的性原则

指标体系应是对监测与评价对象的木质特征、结构及其构成要素的客观描述，应为监测与评价活动的目的服务，针对监测与评价任务的需求，指标体系应能够支撑更高层的评估准则，为评价结果的判定提供依据。目的性原则是指标体系设计的出发点和根本，衡量指标体系是否合理有效的一个重要标准是看它是否满足了监测与评价的目的。

2. 科学性原则

指标体系的科学性是确保监测与评价结果准确合理的基础，一项监测与评价活动是否科学很大程度上依赖其指标、标准、程序等方法是否科学。指标体系的科学性主要是以下几个方面。

（1）代表性强

金融风险的引发是多方面因素共同造成的，我们在模型中不可能把所有影响因素都涵盖，而只能选取各方面的代表性指标来衡量各自方面的金融形势的变化，这就要求选取的指标代表性强、客观、全面。

（2）准确一致性

指标的概念要准确，含义要清晰，尽可能避免或减少主观判断，对于难以量化的评价因素应采用定性与定量相结合的方法来设置指标。指标体系内部各指标之间应协调统一，指标体系的层次和结构应合理。

（3）完备性

指标体系应围绕监测与评价目的，全面反映金融风险的方方面面，不能遗漏重要方面或有所偏颇，否则，评价结果就不能真实、全面地反映被监测对象的金融风险状况。

（4）独立性

指标体系中各指标之间不应有很强的相关性，不应出现过多的信息包容、涵盖而使指标有所重叠。

（5）灵敏度

所选取的指标数值上的细微变化就能敏感地反映金融形势的变化，而金融形势的细微变化也能在这些指标的变化中得到体现。需要指出的是，上述指标体系设计中的完备性是针对监测与评价目的而言的，而不是包罗万象，指标越多越好，指标的数量有一个适度原则。另外，在实践中指标之间完全独立无关常常是很难做到的，一方面是因为事物各方面本身就是相关的；另一方面，指标体系不是许多指标的简单堆砌，而是由一组相互间具有有机联系的个体指标所构成，指标之间绝对的无关往往就构不成一个有机整体，因此指标之间应有一定的内在逻辑关系。

3. 适应性原则

指标体系的设计应考虑到现实的可能性，指标体系应适应于监测与评价的方式，适应于监测与评价活动对时间、成本的限制，适应于指标使用者对指标的理解接受程度和判断能力，适应于信息基础。具体的，指标体系的实用性又可分为以下几个方面。

（1）简明精炼

一套指标体系可能包含许多指标，如何把一些简单精炼而又说明问题本质的指标提炼出来，这是一项非常重要而又需要许多理论研究和实践经验的工作。指标是对原始信息的提炼与转化，指标不宜过于繁琐，个数不宜过多，以避免因陷于过多细节而未能把握对象本质，从而影响监测与评价的准确性，同时，指标的精炼可减少监测与评价的时间和成本，使该活动便于操作。

（2）易于理解

在监测与评价过程和评价结果使用中往往涉及多方面的人员，如评价者、咨询专家、管理者、决策者和公共使用者，指标应易于理解，以保证评价判定及其结果交流的准确性和高效性。

（3）稳定一致

在满足监测与评价目的的前提下，应尽可能采用相对成熟和公认的指标，与国内外相关方面的工作相衔接，以便于评价结果的比较与应用。

（4）可操作性

所选取的各个指标都应该能够快捷、方便、低廉地收集到相对准确、可靠的指标值。

(二) 我国金融风险评价的指标体系构建

由于不同类型的金融风险，在经济危害的发生过程、引发原因等方面均有很大的差别。在选取反映金融风险的指标时，我们充分地吸收了国内外相关的研究成果。

1. 评价宏观经济总体态势的指标

金融风险的危害与宏观经济是否健康运行有着密切的关系，因此在金融风险的评价指标体系中，必须把这方面的情况反映出来。宏观经济总体态势我们选取经济增长率、通货膨胀率、失业率三项指标来反映。

2. 评价经济结构的指标

经济结构是否合理，一、二、三产业的比重是否失调，是影响金融风险的重要指标。这里选取农业增加值/GDP、工业增加值/GDP、服务业增加值/GDP 这三个指标来衡量经济结构。

3. 评价对外贸易类风险的指标

首先，汇率水平是否过高，可用经常项目赤字与 GDP 的比率来衡量；其次是外债偿还能力，可用外债总额与 GDP 比率来评估；再次，应付突发事件的能力，可用外汇储备支持进口的月数来衡量。因此，选用经常项目赤字/GDP、出口/GDP、劳动对经济增长的贡献率、资本对经济增长的贡献率、全要素生产率（技术进步率）、外汇储备/月平均进口额等六个指标来反映对外贸易风险。

4. 金融类风险

金融类风险大小主要取决于债务的总体水平及偿还能力。这里选取负债率、债务率、偿债率、短期外债/总外债、内债/GDP、内债/财政收入、债务依存度等七个指标来衡量。

5. 财政类风险

政府对经济的调控能力一般由财政收入/GDP 所表示。因此，在此类风险中，我们选取财政收入/GDP、财政赤字、财政收支平衡指数等三个指标来衡量。

6. 银行信贷类风险

此类风险大小主要取决于银行资产质量的高低和银行的抗风险能力。在此我们选取储蓄存款稳定率、储蓄存款巩固率、贷款净回收率等三个指标来反映。

7. 评价经济泡沫成分的风险指标

经济泡沫主要是指股市泡沫，而股市泡沫的大小取决于股票价格偏高的程度和股票流通市值的大小，可用股市价格指数（上证年底收盘）、投资回报率、房地产空置率等三个指标来衡量。

三、缓解我国金融风险的政策策略

(一) 防范金融风险的根本出路在于深化金融体制改革

不良债权不断增加和自有资本金比率不断下降是我国所面临的最主要风险，解决这两个问题的根本出路只能靠深化金融体制改革。

1. 建立多元化的金融体系

金融系统效率低下是我国金融业不良债权不断增加的重要原因。而要提高金融系统的效率，仅靠现有金融企业改善内部管理机制是远远不够的，关键是强化金融业内部的竞争。为此必须逐渐地消除国有银行对金融业的垄断，建立多元化的金融体系。

要建立多元化的金融体系，首先必须解决的是认识问题，也就是政府有没有必要对金融业保持垄断。虽然金融业在经济运行过程中的地位极为重要，但从西方市场经济国家的经验来看，金融业并不需要政府进行垄断，可以让民营经济发挥更多的作用。

多元化的金融体系是否会加大金融风险。金融多元化必然意味着大力发展民营金融机构，金融机构平均规模也会缩小，破产的金融机构也会增多，但这并不一定会导致金融风险增大，关键在于建立与此相适应的金融监管体系，合理地规范金融机构的行为。金融业垄断经营，虽然依靠规模大或政府信誉作保障，可以把金融风险暂时隐蔽起来，但风险并没有消失，随着风险的不断累积，仍有可能陷入危机，并且一旦陷入危机，问题就会特别严重，后果也特别可怕。因此用垄断经营来防范风险是不可靠的。

2. 允许产业资本进入金融领域

金融业自我积累能力很弱和金融业快速发展都是我国面临的现实，若没有产业资本大量进入金融领域，而单靠金融业的自我积累来发展，那么金融业自有资本金比率不断下降是必然的。由于金融业比较特殊，因此如何让产业资本进入金融领域则必须制定一套完整的规则，一方面要有效地控制风险，另一方面又不应造成过多的进入障碍。

3. 积极稳妥地发展直接融资

直接融资可从两个方面降低金融风险，①增加直接融资可使企业的自有资本比率提高，从而提高企业的偿债能力；②缩小了间接融资的规模，但直接融资也有自身的风险，比如股市泡沫。另外，发展直接融资不能只考虑对金融风险的影响，更重要的是对资源配置效率的影响，从目前沪深两市的上市公司情况看，直接融资的资源配置效率并不高，这对直接融资作用的发挥构成了制约。

（二）完善国有商业银行的管理体制

国有商业银行金融风险的不断增大与国有商业银行运行效率低下密不可分。要提高国有商业银行的效率，只能从完善国有商业银行的管理体制和运行机制入手。

1. 必须强化利润目标

强化利润目标就是要用利润的多少来衡量国有商业银行经营的好坏。从目前的情况看，利润目标并没有引起应有的重视，利润的多少对银行的负责人没有影响，对员工的报酬也没有太大影响。如何强化利润目标，有很多问题要解决。

①国有商业银行的经营自主权问题，政府管得过多过死，企业就不可能适应市场的变化，在竞争中就会垮下来，利润目标的约束就难以建立起来。

②利润的核算，如果任凭呆坏账不断地累积，那么利润就不可能真实地反映金融企业的经营绩效，而坏账应如何冲销，则可借鉴西方发达国家的经验。强化

利润目标与强化呆坏账约束之间并不矛盾,因为在利润核算时,已经考虑了呆坏账因素。更为重要的是:单纯的呆坏账约束会造成金融企业少放贷款的不合理行为,而强化利润目标则可以让经营者有更多的选择。

2. 建立健全商业贷款风险防范体系

随着我国市场化改革的不断推进,银行贷款所面临的风险也在不断增大。针对这种情况,金融企业必须增强贷款的风险意识和风险识别能力,建立起一套完善的商业贷款防范体系。首先是在贷款对象的选择上必须转变观念。金融企业在选择贷款对象时,最重要的是看企业偿债能力和资信状况,企业的所有制类型和规模并不重要。一般来说,企业效益与企业的偿债能力密切相关。从我国目前的情况看,民营经济的效益相对较好,国有经济的效益相对较差,因此今后贷款的主要对象应逐渐地从国有经济转向民营经济,那种认为民营经济贷款风险较高的观点是片面的。其次,贷款方式必须要有所选择。贷款方式有信用贷款、抵押贷款、担保贷款等多种。各种贷款方式所面临的风险大小和类型都不一样。银行在提供贷款时,必须根据借款人的特点来决定贷款方式。

(三) 建立和完善金融风险的逐步释放机制

金融活动中充满着各种各样的风险,如果在形成呆坏账以后不能释放,那么就会逐渐累积起来。随着累积规模的增大,最后就有可能演变成金融危机。要避免这种情形的发生,关键是要有一套完善的金融风险释放机制,使金融风险在经济正常运行的情况下逐步释放。在金融风险的释放机制中,最重要的有两条:一是金融机构的呆坏账必须及时冲销,另一个是有问题的金融机构必须及时处理。要做到这两条,金融机构的平均规模就不能过大。对于大规模的金融机构,即使不良资产的规模较大,往往也能照常运行,并且政府要处理这类金融机构的难度也很大,这两个方面的原因使得这类金融机构的风险往往难以及时释放,只有累积到相当严重时才不得不处理。

(四) 改善金融业运行的外部环境

为了降低贷款的风险,银行在近年已作了很多努力比如推行贷款证制度、银行贷款要以抵押贷款和担保贷款为主等等，但收效并不明显，除了银行自身的因素以外，关键在于缺乏严格执行这些制度的外部环境。

①加快国有企业改革，增强国有企业的偿债能力。国有企业作为国有商业银行的主要贷款对象在短期内还很难改变，因此国有企业的效益状况、国有企业的偿债能力，对于国有商业银行的贷款风险有很大的影响。由于国有企业并不是单纯的经济主体，因此对于无力偿还债务的国有企业，银行也往往难以采取有效制裁措施。要改变国有企业的这种状况，就必须加快国有企业的改革，适当地提高直接融资的比重，使国有企业的经济效益和偿债能力尽快提高，把国有企业的社会性职能分离出去，改造成单纯的经济主体。

②增强商业银行与各级政府的独立性。虽然政府对商业银行经营活动的直接干预不能简单地等同于银行不良债权的增加，但是政府行为目标与商业银行的目标不同，因此政府干预对商业银行防范风险是不利的。

③完善企业的资信评级体系。客观、公正的资信评级是金融机构给企业提供贷款的重要依据。要做到资信评级客观、公正，首先是评级必须要以事实为依据，企业的资信是由企业以往债务的偿还情况、企业的资产负债状况、企业的经营状况等因素决定的；其次是资信评级机构必须高度独立。

④消除经济运行中的不健康因素。金融风险是否会演变成金融危机以及金融危机对经济的危害程度均与经济运行是否健康有关。如果在经济运行中存在结构失衡、重复建设、三角债、高通货膨胀等严重的问题，那么即使风险的程度不是很高，也有可能引发金融危机。因此努力消除经济运行中的各种不健康因素，对于防范和化解金融风险可以起到积极的作用。

（五）加强金融监管，提高金融监管的效率

金融监管是防范金融风险的重要一环，但要做好金融监管的难度也很大。从我国目前的情况看，要充分地发挥金融监管的作用，有几个问题非常值得注意。

1. 有效的金融监管必须要以可靠的信息作为保证

对金融企业的经营活动进行监管是金融监管的重要内容，若对金融企业的真实情况缺乏了解，那么监督就会成为一句空话，更谈不上对有问题的金融机构进

行及时的处理。

2. 金融监管的政策措施必须切实可行

如果金融监管的政策措施不具有现实可行性，就必然会造成无法实施，金融监管的严肃性就会遭到破坏，违法违规就会成为正常现象。金融监管的政策法规和具体措施是否具有现实可行性，是由一国的实际情况所决定的。由于我国金融系统比较特殊，一些理应遵守的国际标准在我国却并不一定可行，比如在巴塞尔协议中要求核心资本与风险资产的比例最低为4%，但我国的大多数金融机构在短期内根本无法达到这一要求。随着我国经济的快速发展，对金融业的要求也越来越高，金融监管管得过多和过死的问题已越来越突出，若不尽快地对这些属于"过多、过死"的政策法规作调整，那么也会变得没有现实的可行性。针对我国目前情况，如何使金融监管的政策措施既具有现实可行性，同时又能起到防范金融风险的作用，是一个比较难处理的问题，一种比较可行的方法是制定一些过渡性的政策法规。

第七章 我国绿色金融创新发展的路径探索

❖ 第一节 绿色金融基本理论

一、绿色金融的理论框架

绿色金融政策是指通过贷款、私募基金、债券、股票、保险等金融服务将社会资金引导到支持环保、节能、清洁能源等绿色产业发展的一系列政策和制度安排。在目前价格体系无法完全反映绿色项目的正外部性的情况下，如何吸引社会资金配置到绿色产业，是绿色金融政策面临的一大挑战。

如果政策设计不当，可能会出现以下问题。一是由于激励机制不够完善，导致出现绿色投资严重不足、污染性投资过度的情况（相对于社会福利最大化所要求的水平）。事实上，在过去的几十年中，导致我国高耗能、高污染投资大大超过环境容量的一个重要原因，就是缺乏绿色金融的政策体系。二是由于对不同绿色产业正外部性的错误估计，社会资金被过度配置到减排效率较低的产业，造成金融资源的浪费。三是风险评估不够全面，导致绿色投资失败，企业破产违约，甚至导致金融风险。

在目前市场价格体系和企业的目标函数之下，企业倾向于对污染性产业投资，而对绿色项目的投资较少。换句话说，全社会福利最大化要求企业增加（比其微观利益最大化的决策）绿色投资，减少污染性投资。改变企业决策的政策手段有四种：一是提高绿色项目投资的回报率，包括提高其产品价格（如价格补贴）、降低绿色项目投资的成本（如通过贷款贴息、对绿色债券免税、绿色评级、提高资金的可获得性、通过政府参与降低投资风险等）；二是降低污染性项目的回报率，包括提高对污染者征收的税费和违法成本；三是改变企业目标函数，将企业从单纯追求利润最大化改变为同时追求利润和社会责任；四是改变消费者的目标函数，将消费者从单纯追求享受改变为同时追求消费享受和社会责任。社会责任在企业（投资者）和消费者目标函数中的权重可以通过教育投资者和消费者、建立绿色投资网络、增加上市公司对环境影响的透明度、逐步提高非政府组织（NGO）对污染产业的干预等方式。上述四类政策手段是构成绿色金融政策的主要内容。

（一）从企业问题看三类绿色金融政策

传统微观经济学的假设是，企业在给定产出价格和投入品成本的基础上，通过求解利润最大化的问题，得出最优的产出产量。但问题是，这些产出品和投入品的市场价格没有充分反映在生产、消费这些产品的过程中产生的外部性，因此，企业根据利润最大化目标所决定的产出数量与社会福利最大化之间是矛盾的。例如，由于煤价和生产成本不能充分反映燃煤所导致的空气污染和对人民健康的影响，导致煤炭产量和消费高于社会福利最大化所要求的数量。同时，与社会福利最大化要求相比，清洁能源的产出定价过低，导致清洁能源的供给不足。除此之外，造成污染产品供给过多、清洁产品供给不足的另外一个原因是企业的目标函数中缺乏社会责任的相关内容。

那么，如何才能将外部性内生化，在降低污染产品产出的同时提高清洁产品的产出效果呢？从上述的企业问题来看，至少有如下三类政策手段可以解决上述问题。

第一类政策：提高清洁产品的定价（如对清洁能源提供价格补贴），从而提高清洁产品的投资回报率；减少对污染产品的价格补贴（如果有的话），从而降低其投资回报率。

第二类政策：降低清洁产品的税费和其他成本（如贷款利率），从而提高清洁产品的投资回报率；提高污染产品的税费和其他成本（如贷款利率），从而降低其投资回报率。

第三类政策：提高企业目标函数中社会责任的权重。

(二) 从消费者问题看第四类绿色金融政策

在给定市场价格的条件下，如果在企业追求利润最大化的情况下没有政策手段引导企业将污染的外部性内生化，则会出现污染产品产量过大、清洁产品产量过小的情况。因此，提高企业社会责任的权重成为改变企业行为的工具。但是，市场价格是由企业和消费者通过市场均衡机制来共同决定的。也就是说，消费者的偏好影响了市场价格，从而决定了外部性的程度。因此，我们还需要研究消费者的问题，尤其要研究如何通过改变消费者的偏好来影响市场价格，从而降低外部性。

传统微观经济学假设消费者追求效用最大化，而消费者所购得的产品效用是可以计量的。虽然边际效用可能呈现递减趋势，但是从每个产品得到的效用与消费量呈正相关。

对于发达国家中的许多消费者来说，产品的价格和效用可能并非购买决策的唯一因素。这些消费者追求道德感和责任感，他们要知道产品的生产方式、生产地点，甚至会去了解产品由哪个工厂生产，这个工厂是否存在污染环境、使用童工、盗用知识产权等问题。如果该工厂存在以上问题，即使该工厂生产的产品比较便宜，这些消费者也不会购买。社会责任网络、要求企业披露污染信息的社会压力、非政府组织（NGO）的努力等使消费者实现他（她）们的社会责任成为可能。在特殊情况下，消费者会采取抵制商品的方式来敦促企业停止或修正其生产、销售过程中对环境产生的负面影响。

如果消费者社会责任在其目标函数中的权重大于零，那么就可以证明，其目标最大化的结果是该消费者消费的清洁产品（污染产品）的数量大于（小于）为零时的结果。换句话说，有社会责任的消费者对清洁产品的需求量大于没有社会责任的消费者对清洁产品的需求量；有社会责任的消费者对污染产品的需求量小于没有社会责任的消费者对污染产品的需求量。

如果消费者都具有社会责任，那么对清洁产品的需求会大幅增长，从而导致清洁产品的价格上升，其效果类似于政府对清洁产品提供了价格补贴。同样，当大部分消费者都具有社会责任时对污染产品的需求会大幅下降，从而导致污染产品的价格下降，其效果类似于政府削减了对污染产品价格补贴或增加了税费。

二、绿色金融的经济学基础

绿色金融是一个十分复杂的理论和实践命题。目前，在世界范围内尚未形成较为完备的支撑绿色金融的理论体系，但是我们可以借助现有的经济学经典理论，对绿色金融实践作用的机理进行研究和分析。

（一）外部性理论与绿色金融

外部性理论是关于经济效益的理论。外部性理论认为市场上的各类行为不是独立的，而是相互影响的。当一个主体（可能是个人或企业）的市场行为（生产或消费等）对另一主体的经济效益产生影响时，则存在外部性。外部性又可以分为正外部性和负外部性两种类型，正外部性代表他人能够从中获益，负外部性则意味着损害他人利益。例如，环境污染行为就是一种典型的负外部性行为，无论是工业有害气体的排放，还是未经脱硫处理的化石燃料的燃烧，都会导致他人乃至公共利益的损失。因此，制定有效的监管和治理措施以及财税支持政策，构建明晰的产权制度显得十分迫切。

绿色金融能够通过内化污染企业的外部性成本来引发污染者对其负面外部性行为的关注，从而使其做出环境和社会友好的决策。以绿色信贷为例，对于曾有过污染行为的企业，信贷业务的主办银行在风险定价过程中会采取相应措施上浮其贷款利率，增加其融资成本。而那些完全不能满足环境评价影响标准的项目，由于与绿色信贷的经营原则不符，基本难以获得信贷资金的支持。因此，环境污染行为所造成的负外部性影响，可以借助绿色金融手段加以纠正。

（二）公共物品理论与绿色金融

1. 排他性理论及其绿色金融应用

对于一般物品而言，如果能够借助付费手段有效地限制消费者对它的消费，那么这种物品就具有排他性；而对于厌恶品而言，如果能够通过补偿手段，促使消费者对它进行消费，那么这种厌恶品就具有排他性。空气污染和水污染都具有显著的非排他性，所以很难通过价格机制对它们的供给加以限制。因此，如果能够使污染物由非排他性物品转变为排他性物品，就能够借助价格来控制污染物的排放，从而达到减排的目的。

2. 竞争性理论及其绿色金融应用

环境经济学对竞争性的定义为：如果对一种物品的消费行为减少了此种物品对于其他消费者的可使用数量，那么这种物品就具有竞争性。如果消费不能减少其他消费者的可利用数量，那么这种物品就不具有竞争性。竞争性的内涵是一种伴随消费行为产生的机会成本。

化石能源、海洋资源、土地资源都属于具有竞争性的物品，由于其总量是固定的，不同消费者间的消费行为会直接产生个体间的竞争效应。绿色金融则能够通过"开源节流"来应对竞争性的挑战。一方面，通过绿色信贷、绿色债券、绿色产业基金等为新能源、可替代能源开发项目提供资金支持，实现资源供给"开源"的目标；另一方面，通过加大绿色资本对高效能产业的投入力度，引导社会资本从"高污染、高能耗"产业流出，提高既有资源的利用效率，从而实现资源供给"节流"的目标。

3. 公共物品理论及其绿色金融应用

将物品的排他性和竞争性进行组合，能够得到以下三种结果。结果一：同时具备非排他性和非竞争性的纯公共物品，如气候、空气、国防等。结果二：具有不完全的非排他性或非竞争性的准公共物品，如化石能源、渔业资源、森林和土地资源等。结果三：同时具备排他性和竞争性的私人物品。

与环保和绿色相关的自然资源多为公共物品，如果不加以外部引导，对于资源的无节制利用和对环境的过度污染终将导致"公地悲剧"重演。因此，我国应通过金融手段实现对资本配置的有效调节，引导资本流向可再生能源、节能减排、污染防治、可持续的自然资源管理、生物多样性保护、清洁交通、应对气候变化等领域，实现资本对绿色发展事业的有效支持，从而实现全社会的可持续发展。这正是绿色金融的作用机制和最终目标。

(三）环境权益交易理论与绿色金融

绿色金融体系下的排放权交易机制的目标是建立一种自由、高效的市场交易机制。以碳排放权交易市场为例分析其市场结构和特征，我们能够发现，它与金融市场十分相似，同样可以划分为一级市场和二级市场两种类型。一级市场是碳排放权的初级分配市场，参与者包括政府和权益需求者，由政府主导，操作难度较小。政府先确定区域的环境容量以及环境权益的总额，然后有偿或无偿地分配给权益需求者。在一级市场中，碳排放权初始分配的方式主要有免费分配、固定价格出售、拍卖、免费与有偿相结合的混合分配四种。二级市场是碳排放权需求者平等地进行交易的市场，是真正意义上的排污权交易市场。在二级市场中，碳排放权的价格由市场供需主导，通过自发的市场交易行为实现环境权益的优化配置。由于一级市场和二级市场的功能及参与主体不尽相同，二者所关心的问题也不同。一级市场所要解决的核心问题是公平和效率兼顾；而二级市场所要解决的核心问题是提高市场的交易效率。只有实现一、二级市场的平稳、协调发展，才能充分发挥市场调节机制对企业环境污染行为的约束作用。

第二节 我国绿色金融发展的措施

一、发展绿色产业基金

过去，我国的绿色金融主要局限于绿色信贷。但是，很多绿色项目，尤其是新的绿色项目，需要的是股权融资，因此，需要一些绿色产业基金来推动绿色项目的股权融资。目前，虽然我国绿色产业基金展现出了巨大的市场爆发力，但仍需进一步完善其发展的配套机制：拓宽融资渠道，构建多元化的投资主体结构；切实推进绿色金融地方试点工作，完善投融资机制，保障城市绿色低碳发展；完善绿色基金的制度框架和激励机制；通过绿色基金引导民间资本进行绿色投资；建立绿色基金支持市场化绿色技术创新的相关政策框架，鼓励绿色PE/VC支持科技型中小微企业；完善绿色基金投资绩效评价体系和筛选指标体系；积极探索建立绿色产业担保基金；发挥责任投资和ESG标准对绿色投资和可持续金融的指引作用。

二、用财政贴息支持发展绿色贷款

对绿色贷款贴息是用较小的财政资金撬动十几倍，乃至几十倍的社会资金的有效手段。从中央环保专项资金的具体使用情况来看，直接拨款补助、奖励的方式运用得较多，贷款贴息方式运用得较少。从地方环保专项资金的使用情况来看，部分地区采取了贷款贴息的方式，甚至强调重点污染减排项目在原则上全部采取贴息的方式予以支持。但从目前的情况来看，实际运用贷款贴息的地区并不多。部分地区甚至在修订环保专项资金管理办法时删除了有关贷款贴息的规定。

与直接补贴相比，贴息可以使财政以少量的资金取得大量的社会效益，并引导带动更多的社会资金向环保领域投资。同时，贴息机制可将项目甄别选择的责任部分转移给更为专业的商业银行和其他经济主体，在一定程度上减轻财政的管理和监督责任。

我国贷款贴息方式在财政节能环保类专项资金中运用效果不理想的主要原因有以下五点：一是财政部门对贴息产生的撬动民间资金的杠杆效益认识不足，为贴息配置的财政资源十分有限。二是财政部门对贴息项目评估配备的人力和能力有限，限制了贴息的操作空间。三是对贷款贴息项目的申报要求过于严格。对于污染治理设施建设项目来说，要求贴息的贷款必须是污染治理设施建设贷款，而非主体生产工艺设施建设贷款，但在实际操作中二者很难区分，即无法出示银行的相关证明。四是对贴息的贴息率和期限的限制过于严格。五是贴息一般是对一定时间范围内的利息进行补贴，由于利息的资金量较小、申请时间较紧，导致申请过程中准备相关材料等方面的成本较高，造成企业申请贷款贴息的比例较低。

要健全财政对绿色贷款的高效贴息机制，可从以下四个方面入手：第一，加强财政贴息手段在节能环保类财政支出中的运用，扩大财政贴息资金规模；第二，适当提高财政贴息率；第三，合理划定贴息期限；第四，借鉴德国复兴开发银行的经验，由财政部门委托商业银行（或未来的绿色银行）管理绿色贷款贴息。

三、建立绿色担保机制

绿色担保是为了解决绿色项目融资难、融资贵的问题。我国有一个较好的案例，就是世界银行旗下的国际金融公司，在过去几年推动了一个名为中国节能减排融资的项目（CHUEE）。这个项目其实是国际金融公司（IFC）和兴业银行、浦发银行等金融机构共同推动绿色信贷的担保机制，由IFC承担一定比率的贷款违约损失，对涉及能效和可再生能源的贷款进行担保。未来，我国也应该考虑成立专业性的绿色贷款担保机构，还可以由考虑省、市、县多级政府出资建立绿色项目风险补偿基金，用于分担部分绿色项目的风险损失，支持绿色担保机构的运作。

四、银行开展环境压力测试

环境压力测试是引导金融机构减少对污染性和高碳项目（资产）投资，提升绿色投资偏好的一种工具。目前开展环境压力测试还面临若干挑战，包括金融机构还没有认识到环境压力测试的重要性，缺乏对环境挑战严峻性的认识、对情景假设的相关信息、对风险敞口的数据，以及风险分析工具。

当前，国际上已经有一些环境压力测试的运用实例。在国内，中国工商银行、中央财经大学以及中国水风险组织等机构已经对适合中国的环境压力测试展开了前瞻性的探索。例如，工商银行在几个行业领域做了环境风险对银行不良贷款率的影响分析，包括火电、水泥、钢铁、化工等行业。这些行业的污染比较严重，但是其面临的环境风险还没有全部转化为信用风险。这是因为，未来会出台很多环境方面的政策、法规和新的市场机制。环境执法监管力度提高后，企业必须为其污染物排放付费，从而使企业的生产成本上升、收益下降。对于银行来说，这些企业的不良贷款率会相应地上升。如果通过压力测试可以估算出这些环境高风险行业未来的不良贷款率，就可以得到环境风险和未来信用风险之间的定量关系，从而使银行能够重新审视自己的资产配置，减少对污染行业的贷款，加大对绿色行业的资金投入。

五、发展绿色债券市场

具体来说就是，如果不属于"绿色"的企业或项目假借绿色债券的名义去发行债券，会破坏绿色债券市场的声誉，导致真正的"绿色"项目和企业不愿意到市场上融资。为了避免这种风险，使绿色债券市场更加规范、健康地发展，必须对绿色债券进行比较明确的界定。除此之外，未来还要培育绿色债券的第三方评估机构和评级机构，使其成为对绿色债券发行人构成约束的市场机制。例如，第三方评估机构不仅会在债券发行时对绿色项目进行评估，在债券发行后也会持续监督资金流向，并估算绿色项目的实际环境效益。

六、发展绿色股票指数

建立和推广绿色股票指数（绿色企业占比较高的股票指数）是国际上通行的推动机构投资者提高绿色投资比重的做法。我国在建立和推广绿色、可持续指数与投资方面还处于起步阶段，影响力十分有限。为加快我国绿色股票指数的开发和运用，应该从以下四个方面入手。

（一）借鉴国际经验，推进绿色指数发展创新

欧美市场的绿色投资发展较早，建立了一系列评价体系和指数编制方法。国内机构可借鉴其经验研究发布更多的绿色、可持续股票指数，以便市场开发相关的投资产品。交易所、指数公司等可为可持续指数的发布以及信息公布提供平台。国内指数机构可通过与国外成熟的指数机构合作，借鉴国外指数机构的经验，引进国外指数机构的研究成果，加快推动国内绿色指数的发展。例如，深圳证券信息公司与英国富时指数公司（FTSE）合作，开发环境科技指数系列。此外，还应鼓励市场中的财富管理等机构对绿色指数进行研究和开发。

（二）完善社会责任信息披露机制，强化绿色指数的表征性

目前，国内绿色指数的影响力有限，与上市公司相关信息披露不足、指数编制方法的针对性不高有关（如"低碳"指数对"低碳企业"的划分，由于难以

获取企业的能源消耗值等关键数据，只能根据其公司所处的行业、经营理念、发展战略等信息来综合判定）。而境外指数机构的数据来源广泛，包括公司的信息披露、问卷调查、公共信息、与公司直接沟通等。因此，我国需要继续完善上市公司的环境信息、可持续发展信息的披露机制；鼓励非营利性研究机构、第三方机构对企业的可持续表现情况进行披露、评级等，作为绿色指数和绿色投资产品开发过程中的筛选标的。

（三）积极推动机构投资者开展绿色指数的投资应用

绿色投资产品的发展，在很大程度上取决于机构投资者的参与力度。从海外市场来看，养老基金是该类产品的重要参与者。应该推动大型投资机构将绿色指数作为投资标的，培育市场的绿色投资理念，促进绿色投资产品的发展。

（四）鼓励资产管理机构开发更加多样化的绿色可持续投资产品

资产管理机构应该参照绿色指数发展更多的绿色产业基金、可持续基金、道德基金等各类主题类型的基金。在基金的管理形式上，除传统的公募基金外，可大力发展集合理财、专户理财等多种形式的绿色投资产品，尤其是可以量身定做更符合客户价值观的产品的专户理财。

七、明确金融机构的环境法律责任

我国目前的环境立法与金融立法中缺少关于商业银行环境法律责任方面的内容，一些商业银行为了追求回报，将资金投资于重污染的钢铁、水泥、化工等行业或项目，其对环境的恶化有着不可推卸的责任。因此，在法律上明确规范商业银行对所投资项目环境影响应承担的法律责任，应该成为我国推动绿色金融的必然选择。

商业银行的企业性质决定其具有追求利润、控制风险、把资源引向环境风险较小或可控且环境表现优秀的企业或项目的性质。如果能够对商业银行进行规范，让其在金融决策中考虑到环境因素，那么就有可能把金融资源导向与可持续发展原则相符的企业或项目。因此，商业银行是实现可持续发展的一个关键因素。

我们针对明确银行环境法律责任提出的具体建议包括：第一，修改相关法律规定，明确商业银行对所投资项目环境影响的法定审查、监督义务，从承担责任的情形、归责原则、责任方式、责任限度等方面构建商业银行的环境法律责任，赋予环境保护执法部门、非政府机构和个人起诉商业银行的权利；第二，银监会、人民银行和环保部门应出台相关的操作性意见，明确银行对环境风险进行尽职审查和风险管理的要求、具体程序以及免责条件，明确银行在未尽职的情况下应承担的法律责任的上限。

八、强制要求上市公司和发债企业披露环境信息

未来的绿色金融体系，不仅要包括各种融资工具，也要发展为这些融资工具服务的基础条件，尤其是用于识别绿色企业和绿色项目的环境信息和在此基础上开发的分析手段、分析工具。只有提供了充分的企业环境信息，包括二氧化碳和各种污染物（如二氧化硫、氮氧化物、污水、固体废物等）的排放量数据，投资者才能判断哪些企业是绿色的。换句话说，只有提供了环境信息，资本市场才能"用脚投票"，将更多的资金投入绿色企业，减少对污染性企业的投资。

环境信息披露，除了可以直接为投资者提供单个企业环境表现的信息之外，还可以为资本市场开发绿色股票指数及相关产品、绿色债券指数及相关产品、绿色债券评级、第三方绿色债券认证等提供重要的依据。这些产品和服务包括各种绿色 ETF 等基金产品，可以为更多的投资者提供更为便利的投资于绿色产业的金融工具，有助于进一步强化资本市场向绿色产业配置资源的能力。

另外，环境信息披露的要求也是强化企业承担环境与社会责任的有效手段。考虑到对声誉的影响，被要求强制披露环境信息的企业会减少对污染性项目的投资，增加对绿色项目的投资以及对环保事业的公益捐助。

在国际上，环境信息披露的重要性已经被越来越多的监管机构、交易所和投资人认可。一些机构将环境信息披露进一步扩展为环境、社会和公司治理的信息披露，即 ESG 信息披露。目前，国际上已有多家证券交易所推出上市公司 ESG 信息披露要求或指引，如英国、巴西、加拿大、印度、马来西亚、挪威、南非、斯里兰卡、泰国、德国、菲律宾、波兰、新加坡、土耳其等。在世界范围内至少

有七家交易所已经强制要求上市公司披露环境信息。南非约翰内斯堡证券交易所还强制要求上市公司披露综合报告，即将财务信息和 ESG 信息整合为一份报告。

针对上述问题，建议从以下四个方面建立我国强制性要求上市公司和发债企业披露环境信息的制度。

第一，通过立法强制性要求上市公司和发行债券的企业披露环境信息。

第二，证券交易所和负责审批、注册债券的有关部门（如人民银行市场司、银行间市场交易商协会等）要通过具体规定，明确披露的内容和模板，要求定量、定期披露关键信息，尤其是主要污染排放指标。在具体实施的过程中，可以采取分阶段的办法：第一阶段，对从事环境高风险行业的企业和发行绿色债券的企业采取强制性披露措施，对其他企业采用"不披露就解释"的半强制性措施；第二阶段（如三年之后），将强制性披露措施推广到全部上市公司和发债企业。

第三，支持和培育提供环境信息分析的中介机构，强化对企业环境信息披露的评价、监督、引导和激励作用。支持第三方机构对企业和环保部门公布的环境数据进行分析、加工，提供解读、绿色足迹排名、编制绿色股票和绿色债券指数、建立环境信息平台等服务。支持第三方咨询机构为部分上市公司和发债企业提供环境信息估算和编写环境责任报告等服务。鼓励环保部门为资本市场提供更多的企业环境信息。

第四，强化环境信息披露的监管与执法。对违反环境信息披露要求的企业采取公开谴责、限期改正、罚款乃至退市等惩罚措施。

✥ 第三节　绿色金融创新发展路径

一、金融体系转型与变革

中国发展绿色金融的背景与条件有别于发达国家。首先，发达国家和发展中国家对绿色金融的定义存在差别。前者更关注气候，将未来的气候变化和相应的技术调整作为金融机构的主要风险因素。而在中国等发展中国家，绿色金融的着力点不仅应包括发达经济体所重点投入的清洁能源、低碳交通、能效建筑等领域，还应包括为产业结构调整、传统企业节能改造、环境污染治理等提供金融支持。由此可见，只要与节约化石能源的使用量、降低单位能耗与排放相关的金融活动都可纳入绿色金融的范畴。同时，中国的金融深化程度、信用环境等都有别于具有成熟金融体系的发达经济体。对于中国的金融体系而言，建立绿色金融体系并非对金融制度提出的额外要求，而是着眼于为满足健康蓬勃的实体经济发展提供长期融资，其形成演化的轨迹处于整个中国金融体系改革的核心位置。

（一）绿色金融体系的完善需要直接融资市场的发展

中国由银行主导金融体系的格局并没有发生根本性变化。考虑到在债券市场、信托市场、影子银行市场等领域，银行直接或间接控制着资金的融通与交易，中国纯粹意义上的直接融资市场比重很低。绿色发展项目充满着技术、市场以及政策的不确定性，在间接融资方式下，受知识能力所限，若干银行客户经理以及信贷审批专家无法充分意识到这些领域所蕴含的收益和风险。因此，仅仅依靠绿色信贷远不能满足绿色金融的发展需求。提高绿色金融体系经营、管理以及交易风险的能力，必须大力发展绿色股票、绿色债券、绿色衍生品等直接融资市场，让大量机构投资者、中介机构、风险投资人乃至互联网用户等主体贡献多角度的判断，借助市场的力量评价绿色项目的前景，实现对项目风险的准确定价，从而拓展金融服务的供给空间。

（二）政府对绿色金融领域的引导应以市场力量为主

致力于经济转型的中国政府往往通过产业扶持政策、信贷窗口指导、地方融资平台等工具，直接干预绿色金融领域。对于过去处于后发追赶阶段的中国经济而言，政府干预的积极意义在于融资的规模大、速度快且期限长，支持了技术路径明确的基础设施、传统产业的跨越式发展。但在绿色发展阶段，中国在很多领域与全球一样处于技术前沿，政府对绿色项目创新前景并不具有信息优势。相反，直接干预所诱发的大规模、高速度且长期限的金融配置，更容易导致行业性的资金错配以及由此引发的系统性的金融风险。因此，中国政府对绿色金融的干预应更多地通过财政贴息、结构性准备金率、区别性风险资本权重、完善环保信息披露等市场化工具，引导绿色金融市场更好地发挥价格发现、信息甄别与风险管理的功能。

（三）政府对绿色发展领域的担保要从隐性变为显性

中国政府对新能源等绿色发展项目采取了隐性担保的方式，表现为区域性金融风险爆发后的地方财政救助、行政性债务重组、"拉郎配"式的兼并收购。隐性担保固然能够解决一时的风险，但也中断了市场"创造性破坏"的机制，不利于绿色金融的可持续发展。不同于许多发达经济体，我国整个担保体系以商业性担保为主，追求盈利的商业性担保机构开展高息融资、违规放贷的现象十分普遍。政府对绿色发展项目的担保必须从隐性转向显性，在两个渠道发挥主导作用：一是发展政策性担保机构，每年安排一定比例的预算直接向从事绿色项目的企业提供担保；二是建立政府主导的绿色再担保体系，对绿色项目担保提供再担保服务，起到事前增信、事中风险和事后维稳的作用。

二、注重顶层设计

发展绿色金融，加大金融支持绿色产业发展和传统产业绿色改造的力度，服务于国家发展战略、经济结构升级、经济发展方式转变的大局，就必须从宏观层面进行把握；同时，加快发展绿色金融，还涉及多方面利益格局的调整，复杂程度高且难度大，尤其是需要全体利益相关者的集体行动，因此需要通盘考虑、系统谋划。

首先，绿色金融的发展以及绿色增长在很大程度上取决于良好的政策，也就是说，这些政策能有效解决市场失灵和准确定价问题。这意味着政府有关部门必须发挥积极的推动作用，营造良好的政策与社会环境，对绿色金融机构与业务予以政策优惠。不仅如此，有关部门还要继续出台一系列有利于绿色金融发展的法律法规制度，建立环保信息交流与共享平台，加大环评的广度、深度和执行力度；要进一步完善绿色金融监管体系，加快出台绿色金融项目认证规则，以差别化的监管和激励政策引导金融机构发展绿色金融业务。例如，放宽对绿色融资的风险敞口限制，允许符合条件的绿色融资更高的风险容忍度和更宽松的呆坏账核销政策等。

其次，仅仅有政府推动、财政投资显然是不够的，面对日益严峻的环境资源挑战，有效撬动私人投资，促使私人资本进入绿色投资领域也非常重要。从实践来看，由于新的市场必然存在一些不确定性和一系列可以感知的风险，私人投资进入绿色领域还存在较大的困难。在这种情况下，运用公共资金来解决主要风险，可以有效地吸引私人资本流入绿色基础设施项目。除此之外，潜在的解决方案还包括设计能源购买计划违约保险工具，为融资项目创设长期外汇套期保值工具、结构化担保基金以及信用违约掉期等。

最后，还要积极创造条件，让外部利益相关者和公司内部治理发挥对绿色金融机构的激励和约束作用。

总之，要努力做到举全社会之力，使盈利机会和市场变化成为推动绿色金融发展服务实体经济的强大驱动力，只有这样，以绿色金融创新推动实体经济发展才不会成为无水之源、无根之木。

三、注重市场创新

加快发展绿色金融并以此推动实体经济发展，要契合微观经济主体在不同发展阶段和不同发展水平的需求。比如可再生能源的融资链，在生命周期的不同阶段（初创期、成长初期、成长中后期、成熟期等）适用的金融产品存在着明显的差异；同时，由于缺乏绿色经济相关产业绩效的时间序列数据，金融机构的资产定价和借款人基于一定溢价水平的融资意愿会受到一定程度的负面影响。因此，要根据市场变化特别是微观经济主体的需求，前瞻性地把握顾客和市场特征，积极推进市场创新，包括绿色金融产品、工具和服务的创新等。

微观层面的绿色金融创新，其成功的关键在于能否有效地发掘和满足顾客需求。因此，必须准确把握顾客需求差异，不断改善金融资源在产业链低碳与高碳间的配置，积极探索碳基金理财产品、碳资产证券化、碳交易 CDS 等结构性金融工具创新，推广优先损失基金、主权风险保险、基于项目产出的弹性利率贷款等能够降低绿色投资风险的创新金融产品，将有限的金融资源用于支持清洁能源、节能环保、水资源、气候弹性农业、智能电网、低碳运输体系等绿色经济领域发展，从而提升对绿色经济增长的支持服务能力。

要特别注意的一个问题就是绿色金融的持续发展问题。从根本上说，商业可持续性是发展绿色金融的基本前提。因此，发展绿色金融，还需要围绕商业可持续性进行、工具和产品的创新，促使绿色环保产业与金融机构业务转型之间形成良性互动关系。

四、注重借鉴国际经验

一方面，要学习借鉴国外金融机构绿色金融衍生产品的成功创新经验，挖掘基于清洁发展机制（CDM）、碳排放权交易等国际绿色融资平台的创新空间。例如，优先损失基金、主权风险保险和基于项目回报的弹性利率贷款等绿色金融创新产品，可以有效发挥公共投资的杠杆作用，降低私人投资的风险。

另一方面，要积极参与国际绿色金融规则的制定，要从我国国情出发，制定符合我国现阶段实际的绿色金融标准，争取在全球绿色金融体系中拥有更大的话语权、参与权和主动权。

五、健全对绿色经济的促进机制

针对目前社会各界对绿色经济的认识，需要以绿色经济发展为导向来助推绿色金融发展的内动力。对于地方政府官员，不能再用 GDP 来衡量政绩，要改用绿色 GDP 来评估。政府确定绿色经济的发展方向后，企业须坚定不移地遵守各项具体环保指标的硬性规定。大环境的良性互动，使得金融机构对绿色金融的发展信心满满，这时不再需要政府牵头、政策指引，金融机构本着自身利润最大化原则，有足够的内动力去发展、创新绿色金融。

（一）进一步完善金融市场，提高金融效率

第一，积极改善以银行为主体的单一融资结构，构建银行与金融市场平衡发展的金融体系结构。

第二，把银行的行政主体改为市场主体，把行政约束改为市场约束，在市场

经济的有效运行下，充分调动金融资本的积极性。对于正规金融而言，要通过机制创新、改进服务、创新品种来适应市场变化；对于非正规金融而言，要通过产权的多元化和独立，引导和鼓励民间资本进入正规金融机构。

第三，推进金融业混业经营，提升金融产业的综合竞争力。

（二）健全绿色金融制度，完善相关标准

第一，完善绿色金融法律保障体系。虽然我国出台了一些有关绿色信贷、绿色保险的指引或指导意见，但没有形成完善、系统、具体的法律保障体系。要使绿色金融健康、良性地发展，必须尽快构建具有可操作性和可实施性的法律保障体系，使参与者的权利、义务和责任具体化，让绿色金融有法可依、有章可循。

第二，健全信息沟通机制。环保部门在环保核查和信息披露上要根据实际发展情况，建立完整的企业环境信息，避免由信息不对称引起的道德风险和逆向选择，从而降低风险。环保部门和金融机构要建立良好的沟通机制，金融机构要能通过环保部门获取有效的企业环境信息；同时，金融机构也要将最新的信息反馈至环保部门，使环保部门能够及时更新信息和处理相关问题。

第三，完善绿色金融市场体系。首先，需要银行、证券公司、保险机构、投资信托公司等各金融机构共同参与；其次，创新绿色金融产品，如发展绿色房地产类信贷产品、绿色汽车信贷产品、环境改造债券、气候衍生证券、绿色基金产品，环境污染责任险等；最后，建立高素质绿色金融专业队伍。我国才刚刚开展绿色金融业务，急需既懂环保又懂金融的人才，须加强对这类人才的培养。可以通过在金融机构挑选业务、学习能力强的骨干去国外学习绿色金融知识，或者由环保部门对其培训相关的环保法律法规，还可以聘请国外经验丰富的专业人才来指导、培训。

参考文献

[1] 张喜征, 芦冬青, 刘琛. 共享经济平台管理 [M]. 长沙: 湖南大学出版社, 2020.12.

[2] 叶明华, 贺思辉. "一带一路" 经济风险评估与风险管理优化 [M]. 北京: 光明日报出版社, 2023.04.

[3] 吴忠群. 风险管理理论与实务 [M]. 北京: 冶金工业出版社, 2023.08.

[4] 黄丽明. 企业税务管理与风险规避研究 [M]. 北京: 中国商务出版社, 2023.07.

[5] 莫毅君. 国企经营管理中风险防控及对策研究 [M]. 天津: 天津科学技术出版社, 2023.08.

[6] 张莹. 国际贸易理论发展与金融创新研究 [M]. 北京: 中国商务出版社, 2023.08.

[7] 戴军. 产业供应链金融创新研究 [M]. 延吉: 延边大学出版社, 2023.01.

[8] 何开宇. 人工智能时代个人金融创新 [M]. 北京: 中华工商联合出版社, 2023.08.

[9] 程艳. 金融创新与民营经济发展研究 [M]. 吉林出版集团股份有限公司, 2023.01.

[10] 潘向亚, 赵翠红, 文元章. 金融经济基础理论与创新发展研究 [M]. 延吉: 延边大学出版社, 2023.09.

[11] 曾圣钧. 新时代银行金融服务创新 [M]. 北京: 中国经济出版社, 2023.07.

[12] 李兴远. 科技金融对区域企业创新发展的影响研究 [M]. 长春: 吉林人民出版社, 2023.03.

[13] 徐敏, 许晶荣, 李进秋. 金融支持对战略性新兴产业技术创新的影响研究 [M]. 南京: 河海大学出版社, 2023.07.

[14] 杨光宇,程露莹,区俏婷. 宏观经济与金融风险管理研究 [M]. 北京：中国纺织出版社,2022.10.

[15] 杨涛. 金融创新助力实现共同富裕 [M]. 北京：人民日报出版社,2022.09.

[16] 陈娜娜. 金融创新与国际贸易经济发展研究 [M]. 吉林出版集团股份有限公司,2022.10.

[17] 鲁政委,钱立华,方琦. 新金融书系碳中和与绿色金融创新 [M]. 北京：中信出版社,2022.04.

[18] 余大杭,易晓明. 大数据金融 [M]. 厦门：厦门大学出版社,2022.02.

[19] 王道平,李春梅,房德山. 企业经济管理与会计实践创新 [M]. 长春：吉林人民出版社,2020.06.

[20] 蔺子雨,段俊,高宏艳. 管理经济学 [M]. 上海：上海交通大学出版社,2021.09.

[21] 韩汉君. 金融创新与金融中心建设 [M]. 上海：上海交通大学出版社,2021.07.

[22] 胡方. 互联网金融创新创业教程 [M]. 武汉：武汉大学出版社,2021.05.

[23] 段菁菁,万晓丹. 科技金融创新的理论与策略研究 [M]. 北京：中国纺织出版社,2021.11.

[24] 周志刚. 金融创新、技术进步对中国商业银行绩效影响研究 [M]. 武汉：华中科技大学出版社,2021.04.

[25] 张晓萌. 金融创新背景下投资型保险法律规制问题研究 [M]. 武汉：武汉大学出版社,2021.05.

[26] 李涛,高军. 经济管理基础 [M]. 北京：机械工业出版社,2020.08.

[27] 莫笑迎. 新时代经济管理创新研究 [M]. 北京：北京工业大学出版社,2020.07.

[28] 崔嵩. 现代金融经济的风险及方法策略研究 [M]. 长春：吉林科学技术出版社,2020.10.

[29] 陈德智,毕雅丽,云娇. 金融经济与财务管理 [M]. 长春：吉林人民出版社,2020.04.